先生！もっと子供を叱れ

私の体験的教育論

北島　進

海鳥社

はじめに

数年前バスに乗った時のことです。ある停留所で小学六年生の子供たちが乗ってきました。その中には男の若い先生が一人いるようです。でも、声だけ聞いていると誰が先生か生徒か分かりません。

その会話を聞いていたら「馬鹿やろう！」と叫びたくなりました。特にその先生の、女の児童に対する話し方はまるで、自分の女友達に話しているようです。その会話の雰囲気たるや誰が先生なのか、皆友達のようです。

仲の良いのはいいことです。しかしそれは友人とか同僚の間であって、先生と生徒の間ではおのずと区別が必要ですし、そうしなければけじめが付かないでしょう。

今日の多くの先生は、怒ることを忘れているとしか思えません。全く厳しさがないと思います。

私が高校教師をしていた時代、そう昔のことではありませんが、福岡県内の生徒指導会議の中で、いずれの高校の先生も異口同音に「若い先生ほど生徒を厳しく指導できない、中には職員室での女生徒との会話をみるとあたかもサロンのようです」と悔やんでいたのが印象的でした。

一部の先生のこととは思いますが、誰が先生か生徒か分からないような、教師と子供たちの今日の雰囲気を、今からでも少し考え直していただきたいと思っています。先ほどの若い先生も、厳しい先生になることを期待します。急速には変化しないでしょうし、また、指導は難しいと思いますが。

私は自分の教師としての経験から、少々の厳しさは生徒本人の為になると確信しています。親からうちの子供に対し厳しいとか、叱られたとか、多少文句を言われても、信念を持ち「黙っとけ!」と言ってはね返すぐらいの覚悟が必要なのではないでしょうか。

大学を卒業して就職しないニートと言われている人々や、最初から働く意欲のない者が今や百万人以上もいると言われている現状です。また、青少年の考えもつかないような事件が多発している今日です。これにはいろいろな社会的要因が重なり合っていることは分かりますが、多くは小学校時代からの甘えた教育や規律のなかった生活が源の一つと思います。

先般、久しぶりに来日した外国のある記者が、東京の街角には何にもしない若い者が朝からブラブラしている多さに驚き、「日本は近い内に崩壊しますよ」と、漏らしていました。

二〇〇二年、厚生労働省のニート（若年無業者）の人数は六十四万人でしたが、今や潜在的ニートは百万人を優に超えるのではないかと思われています。政府はこのニート対策に年間数百億円の予算をつけて何とかしようとしていますが、しかし、予算をつけて解決できるものではないでしょう。ある学者はまずニートになった原因を本人から聞きとり始めようとしているようです。

二〇〇五年から明るみに出てきた耐震偽装、ライブドアショック、ホテル偽装、官製談合問題など、モラルに反する事件は増えるばかりです。それは学校での怒ることのできない甘やかしの教育の土壌にも原因があるのでないかと思います。

現代の教育論者は、「厳しく指導していく時代ではない」とか、「生徒や親とよく話し合い理解し合って」教育していくのが正しい教育であるなどと、あたかも文化人のごとき話をする教師もいます。また、大学は高校のせいにし、高校は小中学校の基礎教育に問題があるとし、小中学校は躾《しつけ》はまず家庭からと、事件の元々の原因は家庭教育や幼児の躾にある、と言って最終的には家族や家庭の問題に転嫁してしまう傾向もあります。

現在は、希望した全員が大学まで進学可能な時代です。大学の先生だからといってのんびり殻に閉じこもってばかりいる場合ではないはずです。今すぐに、教師全員が教育について厳しく考え直さなければ、日本は社会の根本から潰れてしまう気がします。

私の拙い経験から思うのですが、教師は教育理論を云々する前に、誠意を持って自分の受け持った教科をまず研究し、自信を持つことを基本とした上で、児童・生徒指導を実践する必要があります。

あまりにも豊か過ぎる現在、こうしたことが受け入れられることは難しいのでしょうが、私なりに考えをまとめ、最後の項目「ニートをなくし、規律ある社会にするには」に述べてみましたのでご一読願えれば幸いです。

以上のような理由から、私の生い立ちや少年青年時代について時代背景も含めて少しでも知っていただき、その中から、臆することなく教え子たちに接することができるようなきっかけを見つけていただきたいと願っています。

若い先生方、厳しく叱ることに自信を持ってください。もし周囲から厳しい先生と言われても、ビクビクしないでください。信念を持って指導すればきっと生徒の為になり将来は感謝されます。

誰が生徒か先生か分からないような指導からは、決して人を尊敬する心は生まれないでしょう。

本書は、全て私の生活と経験をもとにしたもので、歪曲したり嘘を述べたりはしていません。私の少年時代や教師時代、また現在のことなどを、反省をまじえて書いたものです。読者の皆様あるいは先生方のこれからの人生の中で、何かの足しにしていただければ幸いです。

文章の中でしばしば方言を用いました。博多弁もなかなか味わい深いものがあります。ご了承ください。文中の氏名はすべて仮名としました。

二〇〇六年二月二十一日

北島　進

先生！　もっと子供を叱れ◉目次

私の小学校時代

戦争が激しくなった工業学校時代

教師時代

私の小学校時代

私は学芸会に出たことがない

小学校での学芸会に出たことがありません、というよりも、私は一度も出してもらったことがないのです。

一九四一（昭和十六）年、小学四年生の十二月に大東亜戦争が始まり、五年生からこの嫌な学芸会は中止になりましたが、それまでの四年間、私は学芸会には全く関係がありませんでした。

小学校の私のクラスは、男女合わせて四十五名ほどでしたが、学芸会に出してもらえない生徒は、私のほかは韓国人のA君、頭に出来物を持つB君、いつも両手の袖に鼻水の付いたC君、それに、いつもチンチクリンの服を着ているD君の五名でした。

チンチクリンの服といっても、この当時は一般的に貧乏な家庭が多く、新しい服が買えない家は当たり前でしたし、兄弟の多い家庭の者は多くがお下がりの服を着ていました。それに、病院に行く金や薬を買う金もない家庭が多かったのです。時には弁当を持ってこない生徒もいました。

私は学芸会に出してもらえないからといって、一つも苦になりませんでした。むしろ、出られない仲間で、誰もいない運動場を朝から放課後まで走り回り、ドッチボールやら、相撲や鉄棒ができるのが楽しみでした。

一学年は男女合わせて六クラスあり、学芸会の練習の時期に運動場で遊ぶような男児は私たち数人だけのようでした。

でも、苦しみもありました。この時期になると親父がしばしば、今年は学芸会に出してもらえるのかと聞き「出ない」と答えると、先生の言うことを聞かないからとか、勉強もしないからとか、宿題もしない生徒を先生が好きになるわけがない、と言っては、ものすごく怒られるのです。

母親も必ずといってよいほど、近所の誰それは主役で出るとか、誰々はいつも出してもらえるなどと愚痴が始まるのです。両親が叱るときは決まって夕食時でしたから、ご飯の味も楽しみも全く感じず、いつも泣きながらご飯を食べていました。

これには本当に困り、大変辛かったものです。

父親は時々、「先生に頼んで教科書の一ページでも読ましてもらえ」と言っていました。子供が学芸会で何にも出してもらえないのがよほど悔しかったのでしょう。

この学芸会の練習の間、時々困ったこともありました。ある雨の日、どこにも行く場所がないので、仕方なく運動場の片隅にあった倉庫の小さな庇の下に、出られない仲間が集まり、教室から見えないようにじっと潜んでいたのですが、足元には雨がかかり、びしょびしょに濡れてしまったのです。こんな情けない思いをしたこともありました。

しかし、いいこともあります。皆よりも運動の練習がたくさんできたので、鉄棒の蹴上がりや、かなり高い跳箱もできるようになったのはこの辛い時期のおかげです。私が、蹴上がりができたのはクラスでも早かったほうだと思います。これはとても嬉しかったものでした。いちばんいいことは、誰もいない運動場や砂場で遊ぶことで、これはとても気持ちいいものでした。

自虐ネタで有名になった、「ヒロシ」ですが、私はたいへん好きです。内容もいいしなんとなく、品もいいからです。

「ヒロシです、私は学芸会ではいつも土でした」というネタがあります。黒い服を着て舞台でいつも横になっているという役だったそうです。しかし、「ヒロシ」は学芸会に出してもらったからまだよかったといえます。

彼は人気が出る前はとても苦労したようで、それで、このような品性のある芸ができるのでしょう。人間にとっては少しくらいの不幸は必要です。私は大好きな「ヒロシ」の人気が続くよう応援しています。

女の子の宿題帳は八重マルでいっぱい

学校では、毎週一回、漢字の宿題提出日があり、縦八列、横十行ほどの枡に一字一字ていねいに書くというものでした。私は勉強そのものができない性分だったので、当然、宿題をしていきません。

朝の提出に間に合わないと、先生から竹の棒で叩かれたりして、強く叱られるので、仕方なしに提出日の朝、字を濃くするために鉛筆を舐め舐めしながら、猛スピードで漢字を書きました。時間がないため一列は皆同じ漢字、それも三画か四画です。

例えば「山・山・山・山・山・山・山・山・山・山」、と書き、列を変え「四・四・四・四・四・四・四・四・四・四」、また次の行は「下」を書くというものでした。

毎回どのページも似たり寄ったりで、それでも、五ページのうち一ページは半分しか書くことができませんでした。提出直前に書くので時間が足りないのです。

当然のごとく評価はいつもサンカクです。ところどころ一重のマルもありました。一応書いてくるので、さすがにバツまではいかないようでした。

ある時、ふと隣席の女生徒の宿題帳を見て非常にびっくりしました。一舛ごと、一字一字正確に、それも十画以上の難しい漢字を書いているではありませんか。当然どのページを見ても八重から十重の赤丸がいっぱいです。まるで色紙をみているようで、これには驚きました。今でも目に焼きついています。

こんな有様だったので、先生からは好かれるわけもなく、叱られるのが当たり前の毎日でした。学芸会などに出してもらえるなんて厚かましい話です。

しかし、この小学校低学年時の苦い思い出があったので、後々までも人様を差別したり差別を感じたりすることはなかったように思います。むしろ歳を取るにつれて、女性の担任だったF先生から厳しく怒られたことに感謝するようになってきました。

仮に私が優等生で育ってきたら、高校の教師になってからも、教師がえてしてよくするように成績の悪い生徒へはそれなりに対応し、校則違反者は規則に従って事務的に処分したかもしれません。

中学・高校・大学を優等で修めたある先生が、教室の席順を成績順に後ろから並べていたのを見た時、自分の低学年時代にはほとんどの期間が前の席だったのに気がつきました。しかも端っこが多かったようです。

私が高校で教師をしていた時はクラスの席順は名簿に従って並べていたので、時々同じ席ばかりですと文句を言うのがいたが「どこに座ろうがなんが変わるか。視力が悪いなら別やけど席ぐらいでガタガタ文句言いやんな」と言い返していました。そういった内容の生徒の要求は聞いたことがありません。

「軍艦」と漢字で書いて頭を叩かれる

家業は甘酒や味噌の元になる麹を造る麹屋でした。家族だけの小さな店で、長屋暮らしの忙しい毎日でした。

親父が死亡した後年になって初めて十三歳違いの姉から聞いたのですが、家は元々醸造元だったのですが、親父が若い頃株にこり、大損をして、破産する寸前に財産のすべてを三人の弟に分割譲渡し、少ない資金を持って佐賀から博多に転居してきたということでした。

しかし、博多にきて、やっと営業を始めた米屋も失敗し、市内を転々とするうち、病気も重なり非常に苦労したとのことでした。

私が高校生の頃、佐賀の叔父の家に用事で使いに行った時、叔父の家はそれぞれ大きな酒蔵のある屋敷や味噌の商店、あるいは市会議員などなのに、長男である私の親父の家はなぜ、長屋暮らしなのか、少し不思議に思いつつも、親父は博多に出てきてから大きく失敗したのだろうと思っていました。

姉の話を聞いて親父のことを思い返してみると、自分の失敗を反省してか、親父は酒、煙草もやりませんでしたし、賭けごとはしませんでした。私たち兄弟が、紙の上に縦横の線を引いて五目並べで遊んだだけでも、怒ってその紙を取り上げ、丸めて裏の池に捨ててしまうし、トランプをしていたら怒ってトランプを燃やしてしまうほど徹底していました。そして、決まって言うのは「賭けごとばしよったらろくな人間にならん」というやかましいセリフでした。

株で大損したのがよほどこたえたのか、子供たちにだけは、この苦しみを味合わせたくなかったのでしょう。

家には酒を造る麹はいつもありましたが、酒は一滴もなく、親父は、子供たちが酒で失敗しないようにと思っていたのでしょう。親父は酒をいつも嫌いと言っていました。だから正月などは二年も三年も前の、あまり香りもしない酒で新年を迎えていました。正月にいただくのは盃一杯もない酒でしたが、子供ながらにこんな酒を飲むと病気するのでないかと思いつつ飲んでいました。

戦後、私が高校生の頃ですが、親父が酒の作り方を私たちに教えたことがありました。その頃、親父はもう子供たちは曲がった方向に進まないと思ったのでしょう。自宅でできた酒は、今の吟醸酒でした。また自宅では味噌、醬油を買ったことはありません。全て自家製でした。

終戦の年、B29の爆撃で食糧がなくなった時にそなえて、数年前から庭に埋めていた、醪《もろみ》の甕を数個取り出した時、その美味かったことといったら、なんともいえませんでした。醪は醬油の元になるものです。数年間、地中におかれ、そこの常温で醸し出した美味しい味は今でもよく覚えています。戦時中は各家庭とも、万一に備えて、防空壕や地下に食糧や財宝を隠していたものでした。

親父は、忙しい仕事の合間に、縁側で日本史や西洋史を明治の人間らしく抑揚を付けて声を出して読むのが楽しみのようでした。明治の者には珍しく、時には辞書を片手に英文も読んでいました。佐賀では塾に通い英語も勉強していたそうです。

親父は、寝て両手を広げ私と弟の枕として義経、弁慶、木曽義仲の話をいつまでも長い時間語っていました。また私には幼少の頃から漢字を教えていたので、小学校に行く前からすでに、七十四歳になった今でも正確には書けそうにない漢字をたくさん知っていました。小学校入学当初、よく上級生から話しかけられて道路に「高射砲」や「櫻」などと漢字で書かされ、それを上級生が楽しんでいたぐらいです。

教室でカタカナを習い始めの頃、飛行機の絵の下の空欄に「ヒコウキ」、軍艦の絵の下の空欄に「グンカン」などと書くテストの時、私は、当然と思い漢字で空白欄に「飛行機」「軍艦」と書いのですが、先生から「そんな字はまだ書かんでよか」と言われて頭を平手で思いっ切りピシャと叩かれました。

あの頃は、なぜ叩かれたのか分かりませんでした。それが原因ではありませんが小学五年生までは勉強することそのものが嫌でした。

子供ながら、家業の手伝いはなんの苦にもなりませんでしたが、怒られても怒られても、勉強だけはしたくありませんでした。今となっては、なぜだったのかさっぱり分からんのです。

顔を墨で塗られて、運動場に立たされた

三年生の頃だったと思います。朝、書道の時間で、まず始めに墨をすっていた時、後ろの席にいた韓国人のA君との間で何かでもめごとになり、どちらかが筆で相手の顔に墨を塗ったのが始まりで、お互い反撃しあい、二人とも顔が真っ黒くなってしまいました。

間が悪いもので、ちょうどそのとき、先生が教室にこられて非常に叱られました。当然、罰として、二人とも黒い顔のまま、講堂に面した運動場に一日中立たされました。

休み時間や昼休みには全校の生徒が見にきます。だれもがワイワイと騒ぎ、初めのうちは二人とも泣いていました。

すると、下を向いて泣いていたときのことです。よく聞こえるものですね、女の子が「あの人たちいやらしか、涙と唾で墨を拭いているとよ」と言っていました。しばらくして泣くのに疲れたのもあって、泣くのを止めました。

しばらくして小便がしたくなってきて、困りました。授業が始まり、静かになった時に、交代で見張りをしながら二〇メートルばかり先にある防火用水のバケツに向かって音がしないように小便をとばしました。防火用水の水が多くなってよかったね、と二人で笑いました。

もちろん先生方が前を通るときは、反省しているかのように下を向いたままです。その日は放課後帰るまで立たされていました。

今の先生も、このような軽率な生徒には、これぐらいの罰を与えて欲しいと思います。生徒の親がどんなに怒ろうが、気にすることはありませんよ。

結局この日は許されたのが遅かったので、皆が帰ったあとの教室で、二人で弁当をやっと食べた気がします。こんなことはさすがに滅多にないので幾らか記憶に残っています。

当時、児童一般の弁当は本当に貧しいものでした。日の丸弁当がクラスの半数です。日の丸弁当とは、おかずとして飯の真ん中に塩辛い梅干が一つのっただけのものです。この梅干の酸性はアルミでできた弁当箱を錆びさせてしまうので、弁当箱の蓋の真ん中に穴が開いてしまった人もいました。梅干でなくても、おかずとしては塩辛い塩鯨かたくあんぐらいなものでした。

なかには塩を振り掛けただけの弁当の人もいました。卵焼きやゆで卵などは、遠足でやっと食べることができるくらい貴重なおかずだったのです。

一度面白いものを見たことがあります。友達の所に遊びに行った時のこと、その友達の隣は子供が八人くらいいる家族です。

昔の塀はどこも節穴がたくさんある板一枚だけというのが一般でした。友人が、「面白いから見やい」と言うので節穴からのぞくと、食事の真っ最中。兄弟が多いため、少ないおかずやご飯を食いっぱぐれないように噛む速さがものすごくて驚きました。今の家族は一般的に少人数なのでゆっくり楽しく食事をするのに比べ、食料が少ないと、生活そのものが慌しくなるのも当然だったのでしょう。

「腹が痛い」と言うと、「宿題をしてないけんやろう」

私は小さい頃から体質的に胃腸が弱く、時々腹が痛くなりよく嘔吐もしていました。

ある日の一時限目の授業中、胃がむかついて机の上に少し嘔吐してしまったので、すぐに雑巾で拭き、先生に「具合が悪くなりました」と言ったら、先生は「宿題をしてないけんやろう」と、持っておられた細い竹の棒で、私を叩くのです。

しかし、私が本当に青い顔をしていましたからか、叩いた後に「保健室に行きなさい」と言い、私はむかつく腹を押さえながら、フラフラして保健室に行ったことを覚えています。

嘔吐は一時間ほどで治りましたが、保健室で、生まれて初めて白くて柔らかいベッドの上で休んだ時は、とても気持ちよかったのが印象に残っています。

この時のことで忘れられないのは、ベッドの直ぐ横のガラス戸が開いていて、五〇センチも離れていない窓に、一羽の雀が動かず、しばらくじっとこちらを見ていたことです。今でも雀を見るといつもあのシーンを思い出します。

小説や映画などで、よく刑務所の鉄格子の入った独房で小鳥や鼠に餌をやる場面がありますが、小学生の勉強ができない私の心は、さながら受刑者の心境だったように思えます。軟弱な体質を何とかしようと思い、戦後しばらくして、高校時代から柔道、空手などを始め、大学まで身体を鍛えました。

戦後すぐは占領政策のため、GHQから学校での武道教育の一切が止められていたので、毎夕汽車で三十分ほど離れた郊外の柔道場に練習に行きました。入門する時は五人同時に入門しましたが、自慢ではないが半年以上続いたのは私だけでした。

あまり強くはありませんでしたが、高校時代だけでも二年間は通い、大学でも四年間続け、さらに高校教師時代も柔道部の顧問として、健康のためにも努力したつもりです。しかし、胃腸の弱さは今でも完治とまではいかず、水泳などで鍛えている毎日です。今でも一番困るのは海外旅行の時です。食事や水にはかなり気をつかいます。

きれいな花に栄養をやって、叩かれる

私が高校の教師をしていた頃、事務員の中に、夜学に通いながら高校の事務の仕事をしていた美人の娘さんがいました。その娘さんからは時々「先生は単純ね」とからかわれた

ものです。

たしかに私は先のことを考えず、咄嗟に判断する傾向があります。私自身は緻密な頭だと思っているのが欠点で、失敗ばかりしていました。勿論今でも失敗の連続です。

小学三年生の頃です。園芸の時間、小さな鉢に赤・青・黄・紫・白と、これまた小さな花が山のように咲いていました。当時の肥料は今のような化学肥料ではなく、人の大小便が畑の肥やしでした。ただ、当時の肥やしは人糞尿を夏でも三カ月以上、溜壷で腐敗させなければならなかったのですが、小便をそのまま肥料と思い込んでいる私は、皆の前でオチンコを出して、栄養をやろうと言いながら小便をかけました。

後で先生に呼ばれ頬っぺたをひどく叩かれ、そのときは何がなんだか分かりません。新鮮な小便は肥料にならないとは知らなかったものですから。後になってクラスの女子生徒が先生に告げ口したと聞きました。確認はしていませんが、あの花は勿論枯れただろうな……。

緑のことを思い出すと、数十年前のエジプト旅行で感じたことを思い出します。ナイル川の上空一万メートルで感じたことですが、左を見ると遥か彼方まで茶色の砂漠、右も遥かな砂漠、下にはナイルの青い筋と両岸の緑が細い紐のようにあるのみです。面積は日本の約四〇パーセントですが、人口は日本の約半分。この狭い緑の部分に、六千万人もの人がいることになります。いかに人口が密集しているか。この環境の中では、砂漠の多い中東の国々の民度が低いのが理解できます。

一方、ブラジルの上空から見た地上は遥か彼方まで三六〇度、緑の樹木ばかりです。今この貴重な熱帯雨林に農地の拡大のため樹木伐採などにより、緑地の後退が起き、地球規模での酸素の不足などのさまざまな危機が忍び寄ってきています。

旅先から日本に帰り、上空からこの国土を眺めるたび、緑が多くていつもホッとします。おそらく誰もが同じ思いではないでしょうか。時には大雨で災害も起こりますが、雨が多い故に緑が豊かになるのです。

また、この雨は、すばらしい日本刀を作り出すことをも可能にしました。雨が多いため、樹木を切ってもすぐに育ち、火力の強い木炭がたくさんできるのです。幸いこの土地には刀に適した砂鉄も多く取れるので、たくさんの立派な日本刀ができました。樹木は温暖化防止に役立つのは言うまでもありません。

エジプト旅行でもう一つ思ったことがあります。私が馬車に乗っていて風で帽子が落ちたので、車を止めて拾おうと降りた瞬間、子供が落ちた帽子をさっと拾って持って行ってしまいました。油断も隙もありません。

しかし、以前は、海外に旅行するときだけひったくりや物取りに注意しなければならなかったものですが、最近は日本も欧米並みに治安が悪くなったのは、残念に思います。これは、日本の若者が勤労を尊ばず、楽をして欲しいものを手に入れようとする傾向があり、働かなくなったからでしょう。

物取りで思い出しました。私が小学生の高学年の頃には物資不足で、いつも裸足《はだし》か下駄履きでしたが、低学年の時はまだ物資もあり、学校は靴履きでした。靴は扉のない棚だけの靴置き場になっていて、毎朝そこに置いていました。

ある日、帰ろうと思い靴置き場に行くと、私の靴がなくなっています。困って先生に相談したところ、担任ともう一人女性の先生と二人がきて、どちらだったか「取られたら取ってきなさい」と怒りました。その日はどうやって帰ったか、記憶にはありません。

もう少し大きくなってから知ったことでしたが、日本の軍隊では「取られたら取ってこい」というのは常識の言葉であったようです。現代とは随分違いますね。

物が不足するようになると、貴重品である履物は、盗難に遭わないようにいつも目が届く廊下や校舎の外側の犬走りに並べて置くようになりました。

勉強はせんでも大工にはなれる、でも大工は頭がいる

一年生から四年生までの担任は、怖い女のF先生でした。私は、頭も悪いうえに勉強もしませんから、成績は悪いにきまっています。通知表はいつも上から「可、不可、可、可、良、不可、良、可」という感じでしたが、一番下の工作だけは優でした。工作だけは男の先生だったからです。当然、両親もこの成績表を見ていい顔はしませんが、工作だけはよかったからでしょう、あまり怒りませんでした。もしかしたら両親は単に諦めていたのかもしれません。

私は勉強しませんでしたが、早朝から夜中までグライダーや飛行機などの模型飛行機を熱心に作っていました。

おふくろがなかなか金をくれないので、高価な竹ヒゴを買えず、グライダーの骨は自分で竹を割り削って作っていました。グライダーはこの骨組みを作るまでが大変です。糊はご飯粒にお湯を入れ、よく練って使用していました。高価なセメダインは買ったことがありません。またどこにでもある板切れなどで戦闘機や飛行艇を作っていました。

道具は折りたたみ式のナイフと台所の包丁、家にある切れにくい鋸《のこ》、それとガラスを割

ったものだけ。ガラスの破片の角は鋭利なので、小さく削るにはとても効果的だったのです。学校に糸鋸はありましたが、鋸の刃は高価で折れやすいため使用させてくれませんでした。

自分で言うのもおかしいですが、模型飛行機だけはクラスで一番上手だったと自負しています。六年生の時に作ったペンキで色を塗った飛行艇は、いつまでも工作室のガラス戸の中に飾ってありました。私のひそかな自慢でした。

工作が大好きなので、手には切り傷が絶えたことがなく、左手親指の根元には二センチぐらいの竹屑が入ったままで、十年間ぐらい放置していましたが、いつの間にか消えていました。竹も有機物ですから、肉体に還元して吸収されたのでしょうか。

おふくろは宿題をしない私にたえかね、「馬鹿！」とか「頭を叩くよ！」と言います。あんまり言うからでしょう、親父は横から、「あんまり馬鹿馬鹿と言うと本当に馬鹿になるから馬鹿と言ったらいかん」と言っておふくろをいさめていました。そして、「勉強せんでも、工作は好きやけん大工になったらいい」と呟いていました。「でも、大工は頭がいるけんね」とも言って嘆いていました。

私の事務所、穂高建築研究所には、戦時中活躍した日本の戦闘機や爆撃機のプラモデルが飾ケースにたくさん入っています。天井にも大きなプラモデルを吊しています。また暇を見つけては飛行機を作り、多くの方にもらっていただきました。近頃プラモデル店がめっきり少なくなりました。この大きな福岡市内でも一、二店舗だけです。寂しくなりました。

人には、それぞれ何か良いところがあるということが、のちに教師をしていくなかでよく分かっていきました。

数十年前、ある有名な週刊誌に、ヨーロッパの少年に将来どんな人物になりたいかをたずねた記事が載っていました。一位は建築家、二位は医者、三位は弁護士の順でした。この記事を読んだときは大変嬉しかったものです。そういえば親父が私を怒る時に、当時は何のことだか分かりませんでしたが「大工さんの嫁になるには三代かかる」と言っていたことがあります。

「自分は大工さんの嫁になれなくても、孫の代くらいには大工の嫁になれるだろう」というものです。昔は大工さんの社会的地位はかなり高かったようです。戦前までは、宮崎のある地方では大工さんに来てもらうには馬で送り迎えしていたそうです。そういえばこのＩＴ時代でも、全国の小学生のアンケートでは、なりたい職業の第一位は大工さんでした。

私は、建物の骨組みを力学的に解析する耐震設計を専門に学べたことを感謝しています。教師をしながら研究室を設け、構造設計を含め、構造計算をしたビル、煙突、橋梁がたくさん残りました。小さい時から勉強はあまりしませんでしたが、大好きな模型飛行機から始まった「もの作り」の楽しさを学んだお陰だと思っています。

学芸会で白虎隊を観る

人間は生まれながら、それぞれに備わった天性の素質があるのだろう、私には二つ違いの弟がおり、どうしようもない私とは違って、弟はなぜか小学生から中学三年生まで、いつも級長とか副級長をしていました。走るのも速く、学校代表でよく陸上競技の大会に参加していました。また先生からも友人からも大変好かれていたようです。

私が四年生のとき、弟は二年生で学芸会の白虎隊に出演し、隊長で、最後に自刃するという役です。

学芸会当日、母は早朝から鏡に着物姿をいろいろな角度で映しながら、とても楽しそうにしていました。私は小学生時代、おふくろを一度も楽しませたことがないのが残念でしたが、学芸会当日は私もなんだかうれしくなり、静かに観賞しました。

弟が法律を勉強しようと進路を決めていたとき、親父が怒ったことがあります。弟に「法律を勉強するのは止めれ」と言っています。なぜかというと、法律を勉強すると世間の裏の裏を知って、ずるくなるからだそうです。

親父は若いころ株で大損し失敗したことがこたえていたのでしょう。弟は結局は薬学を勉強することになりました。

私が高校時代に、吉川英治の『三国志』を読もうとしたら、親父はすごく怒っていたこともありました。

当時は怒られる理由が分かりませんでした。『三国志』は陰謀と策略が渦巻いていて、人を騙したり騙されたりばかりの話です。戦争にはあらゆる知謀術数を巡らして勝たねばなりませんが、若いときに、そんな勉強をする必要はないと考えたのでしょう。また残虐な場面も多いため反対したのかもしれないなと、後になって理由が分かりました。

後年、『三国志』を始め中国の歴史書をかなり読みましたが、歴史の参考書にはなりますが、教養書としては程遠いと思います。

近頃は映画などで観るに耐えない場面が多い。アニメやゲームなどでも簡単に人を殴ったり、倒したり殺したりしています。現実の世の中でも、かつては考えもつかないような事件も多くなりました。早く何とかしなければ、本来の日本人の心も社会も混乱し、破壊してしまうでしょう。

これは先生の大半が、教え子をあまり叱らない、怒ることができないのにも大きな原因があるように思えます。何回も申しますが、ただ大きな声をだし無闇に怒るだけでは何の役にも立ちません、むしろ反発するだけです。怒る前に自らが受け持つ教科についてのエキスパートでなければなりません。どんな児童・生徒でも真剣に教えてくれる先生の教えには耳を傾けるものです。

ウンチをしたままでの帰宅は辛かった

前にも書きましたが、子供の頃は胃腸が弱く、病気といえばいつも嘔吐するか、腹が痛くなるかでした。そう言えば小学校に入学する少し前、近所で私だけ擬似赤痢になって伝染病院に入院したことがあります。真っ白な自動車に乗って連れて行かれたことと、看護婦さんから親切にしていただいたこと、退院の時には博多湾の見える大きな風呂に親父と入ったことを今でも思い出します。

腹が痛くなると、家では必ずヒマシ油を飲まされていました。この油の臭くて飲みにくいこと、いつも泣きながら飲んでいました。

ある寒い日の午前中のことです。腹がとても痛くなり、先生に言ったところ、どうしてなのか覚えていませんが、怒られてしまい「我慢しなさい」と言われました。

先生へのお願いの仕方が悪かったか、あるいは宿題を全然してこなかったからといったところでしょう。しばらく腹痛を我慢していたのですが耐え切れず、とうとうウンチをしてしまいました。

先生が、すぐ家に帰んなさいと言われたので、そのまま泣きながら寒い風にあおられ帰ったことがあります。家に帰りつくとおふくろが井戸端できれいに洗ってくれましたが、尻の冷たかったことといったら、小学校時代一番辛かったのは、この帰り道でした。

しかし、この程度の怒られ方は、当時は当たり前のことだったようです。

今の学校の設備は何でも至れり尽くせりです。また家具屋で見ると、小学生の勉強机のすばらしいこと、将来はこの子供机の横にウォーム付きの水洗トイレが取り付けられるのでないかと、いらぬ心配までしてしまいます。

当時の一般的家庭の勉強机は、ご飯を食べる食卓と一緒で、ご飯を食べる合間に子供が勉強机にしたものです。机や家具、そして建物がよくなり広くなれば、それに反比例して人と人との心の絆は薄情なものになっていきます。これは住宅設計の基本でもあります。

知り合いの精神科の先生の説明では、脳神経の活動に最も良い居室の温度は四度だそうです。身体に最適な室内の温度は十六度ですが、我々日本人は白人よりすこし高めの平均十八度といわれていますので、寒い部屋で、毛布を身体に巻いて勉強するのが、学生には最も優れた方法だと思います。昔の生活は最高のウォームビズだったのではないでしょうか。私たちの学生時代は炬燵もなく、誰もが貧乏だったので、寒い部屋で洋服の上から丹前や毛布を巻いて勉強していました。寒かったが、勉強の効果もあがりました。

一人の日本人が最も安心できる空間の大きさは、畳三畳、高さ七尺（二・一メートル）といわれています。建築基準法に、室内の高さの最低限度は二・一メートルとあるのはこれからきています。今は日本人の体格も大きくなったので、このスペースより少し大きいものと考えてください。四畳半は二人でお銚子を傾けながら三味線を聴くのに最も適した空間で、音もよく響きます。以上、参考までに。

ランドセルの底からテスト用紙がいっぱい出てきた

何年生の頃か忘れましたが、ランドセルの底にクシャクシャにして隠していたテスト用紙が先生に見つかり、お母さんに見せなさいと注意されました。この用紙をすぐに捨てればよかったのですが、そこまで知恵が回りません。それから間もなく十三歳違いの長女に見つかり、姉、両親からものすごく怒られました。正座し、いつまでも泣いたのを昨日のように思い出します。

その時、ランドセルからテスト用紙が出てくるは出てくるは、二十枚以上はあったと思います。教科書がランドセルからとび出ていて見つかったという有様なので、自分でも驚きました。底にビッシリと、それも硬く詰っていました。十点満点でいつも零点から三点くらいなので、とても親には見せられなかったのです。

この姉は、中村学園大学の創始者である中村ハル先生の最初の教え子で、女学校では料理を習ったそうです。中村先生はとても厳しかったと話していました。私の姉とはとても思えぬほど上品で、厳しい姉でした。

テストの扱いですが、六年担任のK先生は文武両道のとてもすばらしい先生でした。テストを渡したら後ろの黒板にある棒グラフの名簿に、各自それぞれの点数を棒グラフに点数分だけ重ねるようにしていました。そして、高点数を取るより、どれだけ頑張ったかが大切だと、棒グラフの延びを見て、それぞれが努力するように話されていました。

私が高校教師時代は、生徒の成績一覧表はいつも壁に貼るか、封筒に切手と住所を書かせたものを持ってこさせ、一斉に一覧表を送っていました。だから通知表そのものはあまり重要性がありませんでした。成績はオープンがいいと思っていたので、成績で隠しごとはしません（全員が男子だからできたのかもしれません）。

人生には勉強する努力は大切だが、点数にこだわるなといつも言っていましたので、このオープンをクラスで文句を言う生徒は一人もいませんでした。私の教育指導法はK先生の指導法から学んだものです。

好きな工作の先生から飛ぶように殴られた

工作の先生が、木製飛行機製作所から譲ってもらったという木屑の台湾檜が、学校の模型用にといって工作室横の敷地に小さなトラック一杯ぐらい積まれてあるのを見たときは、とてもワクワクしたものです。この台湾檜は、日本のとは違い、強くて柔らかいので加工しやすいのです。

この工作の先生は厳しくて、ある日の工作の時間、飛行機の一部が完成したので、思わず万歳と手を挙げて叫んだところ、先生が私の所にツカツカと来て、黙っとけと言うより早く、思いっきり顔を殴られました。かなり身体が飛んだような気がしました。

勿論先生は私をよく知ってくださっていたのですが、この工作室では一切の私語を禁止していましたので叱られたのです。喜びの声すらダメな時代でした。今では考えられません。

工作の先生は年輩の先生で、中国・満州の戦場の経験を持たれていたので、一つひとつに厳しさがあり、よく戦場での話をしておられました。力いっぱい殴られたのは、今でも心地よい思い出です。

クラスの友人たちは、予科練に入って飛行機乗りになるとか、戦車隊に入るとか、潜水艦にのるとかさまざまな将来の夢を話していました。

戦時中でもあるし、図画の時は皆が軍歌を歌いながら、飛行機とか軍艦の絵しか描かなかった当時です。私は模型飛行機作りだけが生甲斐の少年でしたので、当然、将来は飛行機の設計技師になりたいといつも思っていました。

先生の話では、木材を小さくして強い接着剤で固めればどんな形もでき、飛行機の骨組みになる、とのことでした。今研究されている接着剤は、木と木を一度接着すると絶対に離れないとの説明でした。

卒業間際、担任のK先生は私に、ほかの工業学校の建築科か機械科に行くように勧めましたが、私からお願いし、木材航空機の製作ができる福岡市立工業学校の木材工業科を受験しました。学校に入学して、木製飛行機の構造図のたくさん入った教科書を何冊か渡された時は、何回も何回も、図面を見て、初めて飛行機の骨組みを知ることができました。

しかし、これから勉強できると思った時、B29の空襲が激しくなり、奉仕や勤労学徒として、飛行場の滑走路造りや郊外の飛行機の部品工場へ奉仕作業をしたりして、勉強どころではなくなりました。最後にはB29による福岡大空襲で、学校は焼けてしまいました。戦後は米軍の占領政策により、木材工芸科と改められ、家具を作る科となりました。

一番大切にしていた飛行機構造図の入った教科書は、戦後GHQに没収され、残念ながら一冊も残っていません。大学では建築工学科で構造学を選択しました。構造は飛行機も建築の骨組・理論も全く同じです。

大学では、構造に堪能で、親切な先生に出会ったのが幸いでした。なぜか建築設計やデザインには全く興味がなく、地震・風圧に強くなるための建造物の構造計算を日夜勉強させていただきました。

指導していただいた耐震工学のT先生は学会でも有名な方で、関西でも大きなビルの構造計算をたくさん手掛けておられたので、とてもいい講義を聴くことができました。

私のような学生の質問でも、時には一時間以上もかけて答えていただいたこともあります。当時の大学教授の在り方としては二人といない先生だと思います。当時の一般的な大学の教授は、皆威張っていた方が多かったようです。

卒業後は工業高校に勤めましたが、特に構造と構造計算の科目に研究を重ねました。中でもこの難解な教科をできるだけ模型や実験をしながら、分かりやすい平易な解説で生徒指導の中に取り入れてきたつもりです。

私が、教師として、さらに研究室を設け研鑽することができたのは、耐震工学のT先生はじめ、親切に指導していただいた小学校六年生担任のK先生や、忍耐力を培い、叱ってくれた低学年当時の担任F先生にとても感謝しています。

参考のために、戦時中軍の航空機などを設計されていた学者が、どの方面に進まれているかを調べてみたところ、戦後は建築の構造や、建築物を支える基礎や地盤関係に多くの方が転向されていました。ペンシルロケットでもイトカワ衛星でも有名なロケット博士の糸川先生は、戦時中はプロペラの研究をなさっていました。

女の子は泣きながら学校に

記憶がはっきりしませんが、戦争が始まった頃から、厳冬期以外は全員裸足で通学していました。私の町内から学校までは約三キロほどですが、町内全員並んでの通学です。

戦時で物資も不足していたので、裸足通学はしかたなかったと思います。男はいつもが裸足か下駄だから苦にもなりませんが、低学年の女の子は見ていてかわいそうでした。

十二月頃になると霜が降ります。皆足を片方ずつ上げたり下げたりしながら行きますが、女の子は泣きながら学校に行っていました。皆大なり小なり霜焼けができていたようです。ムチャクチャな教育だったと思います。兵隊さんは命を賭けて戦っているから、国民学校の生徒も戦う精神を持たせよとの理由だったのでしょう。厳冬期は皆下駄履きです。下駄履きのときは当然タビを履いては駄目でした。とても冷たかったものです。

校長先生たちが言うには、この戦争に勝てばアメリカのように学校通学はバス通学になり、今はアメリカに比べ生活面では三十年遅れているが、勝てばアメリカ以上になるということでした。また、こんなことも言っていました。日本の富士山を基点に小笠原を経て、火山列島が南方に延びている。現在占領している南の島々は富士山を基点にしているから、元々日本に権利のある島なのです。それがやっと日本のものになったということでした。

当時、私のような子供でも不思議に思っていました。いまでもこのような発想が分かりません。

歴史の授業での話ですが、当時日本は皇紀を使用していました。それよると紀元二六〇〇年が昭和十五年で、西暦では一九四〇年となります。戦っているヨーロッパやアメリカでは西暦一九四〇年と少しなので、日本は約六六〇年以上の歴史があり、進んでいるというものです。

子供心にもそこまではなんとか理解できましたが、しかしその後の説明になると全くおかしなものでした。日本の歴史のうち大和時代の年数を当時の天皇の数で割ると、一代が平均八十歳以上になります。その長寿についての説明は、当時の日本人は山野を駆け巡っているので健康で寿命が長いということでした。その頃は、日本人の平均寿命は五十歳弱でしたから、子供ながらも何か納得がいかなかったのを覚えています。

零戦は最優秀機

寒い朝、女の子は裸足で泣きながら学校に通っていましたが、空を見上げると学校の上を優秀な零戦や隼戦闘機がよく飛んでいました。学校の近くには飛行場がありました。この飛行場が今の福岡空港です。

第二次大戦時の初期に活躍した海軍の戦闘機零戦の零は、紀元二六〇〇年（一九四〇年）に完成したので、最後のゼロを取って付けられたものです。だからその前年に完成した戦闘機は九十九式といい、二六〇〇年の次の戦闘機は一式といいます。この零戦の最も優れた点は、エンジンは千馬力にも満たないのに、二二〇〇キロの航続距離があることです。福岡―東京間の往復が二〇〇〇キロです。

この超航続が可能になって、海軍も戦争に踏み切ったともいわれています。太平洋は広いのでこれくらいの航続距離がなければ話にならないのです。因みに、当時のアメリカの戦闘機は千五百馬力で航続距離は一六〇〇キロ。いかに零戦が優秀であったかが分かります。

地図を開いてみてください。開戦当時、台湾の南端の高雄基地からフィリピンのコレヒドールにあるアメリカ軍事基地までの往復二〇〇〇キロ以上を、零戦で攻撃したのです。アメリカの総司令官マッカーサーは、零戦はてっきりはフィリピンの近くまで来た航空母艦から発進したものだと、戦争が終わるまで信じていたそうです。

しかし生産力がアメリカの一割以下、しかも燃料も足りない国力で、一旦守勢に回ってしまうと、この零戦も席の後ろには防弾板もなく、燃料タンクには延焼保護膜などの防御力もないので次々に落とされてしまいました。アメリカ軍は日本機を攻撃するのを称しては「七面鳥打ち」といい、日本機は「ライター」とも称されたぐらいです。

マッカーサーの戦争作戦が拙かったために、必要もないフィリピンで戦争をして現地の住民を戦禍に晒し、多くの住民を亡くす結果となりました。それゆえ、彼は大統領になれなかったともいわれています。

戦時の不自然な教育や、ムチャクチャな生徒指導はあってはなりませんが、児童、生徒、学生には誠意を持って接し、誠の心をもって怒るべきであります。私の経験では、教育論や教育実践論なんかいろいろいじくっても、何にも役に立ちません。

また、「俺は教育者」と自負している者に限って、ちょっとした知識と学識を振り回し、実践能力はなく、校則違反者などに対して、規則をたてに処罰を主張するばかりで、子供と向かい合い真剣に怒ることさえできない教師が多かったように思います。

福岡県や福岡市などは「教育研究所」を持っていますが、そもそも、教育研究所というもの自体が単なる集合場所でしかなかったような気がしてなりません。私は、教育研究所といって何の研究しているのか、今でも分からんのです。

教育の研究は、まず自分の担当の教科をよく知り、研究し、それを通してあらゆる指導をすべきだと考えていました。担当の教科に自信を持ってない先生にはどんな生徒も教師を尊敬もしないでしょうし、また先生が注意しても反発するのが目にみえています。教育を向上するには、教師自身が己を磨くことです。

教師時代、教育研究所によく集められましたが、内容は大した意味もなく、パンフレットを渡されてその説明があるくらいでした。これでは、わざわざ集めなくても、冊子を読むようにと渡せばすむのにといつも思っていました。しかし、専門分野での研究者を招いて講演を聞くのはとても参考になりました。しかし、それも数年に一回あったでしょうか。もっと有識者を呼んで授業の参考になるような講義を行うべきです。

現在の少子化の問題は国民全てが危惧しているようですが、この問題を最初に聴いたのは私が五十歳頃、現在から二十数年前だったと思います。教育研究所で政府の人口問題研究所の講師からでした。こうした講義は意義があると思います。

講堂での豆まき

私が何年生の頃か忘れましたが、「今日は全学年で豆まきをするので講堂の掃除をせよ」との指示がありました。楽しみでいっぱいです。学年全員三百名くらいが集まりました。先生が持ってきたのは一升だけの焼いた大豆です。先生がまき始めると、ワイワイとにぎやかです。拾えたのは一人一粒か二粒でした。それでも楽しかったものです。

戦時中は食料も物資も不足した時代でしたから、全校で一升だけだったのは当然でしょう。現在のお祝いの時のまきものは衛生上のことも考え、皆一つひとつ薄紙に巻いてまくか、または教室で配っているようです。贅沢になったが風情もなくなりました。

私は、低学年時はひたすら先生から怒られていたので、教室での楽しいことなどは一向に思い当たりません。唯一大好きだった工作の時間以外は、講堂で行われた全校一斉の映画鑑賞くらいでしょう。

当時、映画はきまって戦争もので、日本軍の勝つ場面ばかりでした。場面は中国戦線の映画や、ハワイ・真珠湾での活躍場面でした。それから年に一回、全学年でグライダーとプロペラの飛行機大会がありました。

私は、他のクラスにもっと上手な生徒がたくさんいたので、全校で一番にはなれませんが、この日は楽しみでした。六年生当時の模型飛行機作りだけは、かなりの上位だったと自負しています。とにかく模型飛行機作りだけは好きだったのですから。

戦争が始まった四年生の十二月頃から教練が始まりました。小学校なのでほとんどが四列縦隊の行進練習でした。整然とした練習で結構厳しい練習でした。特に陸軍や海軍記念日が目前ですと、繰り返し繰り返し行進の訓練で、暑い日中は練習の途中、日射病で倒れる子供も結構いました。私は勉強嫌いだったので、もちろんこれら練習を嫌になったことはありませんでした。

同じクラスにとても仲の良い友人がいました。彼はラッパを吹きます。どこで練習したのか分かりませんがとても上手でした。訓練の時はいつも一人で吹いていました。朝礼の時など、全校生徒の前で日の丸を掲げる吹奏ラッパは惚れ惚れするくらいです。その音はとても澄み切っていました。

もしかしたら彼は、身体にとても無理をして吹いていたのかもしれません。卒業して間もなく、まだ十二歳で、胸の病気で亡くなってしまいました。当時は食糧事情も悪かったからかもしれません。

いつか彼と一緒に弁当を食べたことがあり、その弁当にはおかずがなく、醤油だけが掛かっていたのを思い出しました。彼が亡くなったのを聞いた時は、とても悲しかったことを覚えています。

怒られるのは当たり前

当時の男児の遊びといえば相撲が主でした。現在のように野球の道具をそろえる余裕がないからです。広場もグローブもミットなどもありませんでした。戦後、布製のグローブやミットが出回りましたが、進駐軍の払い下げもあり、次第に布製は使用されなくなりました。

一度、相撲の最中に落ちていた貝殻で額を切り大怪我をして、泣いて帰ったことがあります。その時、親父は、付いて来てくれた子供たちに自宅で造っていた甘酒をふるまっていました。私が怪我をしたということより、息子の友達が来てくれた、と喜んでいたようでした。当時は皆が穏やかでした。

川に行くと泥鰌《どじょう》すくい、海老や子魚釣りなどで、毎日遊んでばかりでした。冬は独楽《こま》、パッチなどをしていたものです。雪が積もった日は何人かで箱に乗り、お互いに引っ張り合って遊んでいました。ご飯を食べるのも忘れ一日中遊んでばかりいて、とにかく勉強はしませんでした。こんな状態ですから、先生から怒られるのが当たり前だったのでしょう。宿題や予習をした覚えがありません。小学五年生まで、親からどんなに「勉強せんか、勉強せんか」と叩かれ叱られても、勉強しなかったのはなぜなのでしょうか。

怒られると決まって、もくもくと模型飛行機作りをします。次第に親も諦めていったようでした。そして工作は何回も失敗しながらも作りあげていました。

当時、夏休みは、終日三角ベコだけの裸で過ごしていました。遊ぶためにはその方がよかったのです。朝食を終わると、裸のまま八キロばかり離れた博多湾の海に泳ぎに行き、昼飯時に帰ってきてはまた海へ出かけ、夕方遅く帰ります。夕食の時には決まって、「なんにも勉強せんでから！」と怒られ、泣きながら食事です。それが毎日でした。勿論宿題をした覚えはありません。

今になってよく考えてみると、当然子供部屋もなく、勉強机もない、机といえば小さな食卓ぐらいですから、勉強意欲が湧かなかったのかもしれません。

当時は紙芝居屋があり、紙芝居屋さんが来るのが楽しみで、町内の外れで待っていたものです。紙芝居屋さんの鐘や太鼓を貸してもらい、それを打ちながら町内を回ると、飴玉を一つくれます。ただそれだけのために何時間も待っていました。今考えると馬鹿な子供でした。あの当時からちゃんと勉強していれば、もう少しましな人間になっていたかもしれません。六年生になって、早朝の勤労奉仕で新聞配達をし、続く剣道の練習で生甲斐を覚えたのでしょう。やっと勉強が面白くなりました。六年生の担任のK先生のお陰です。

先生方、どうしようもない児童でも、何かきっかけをつくり諦めず根気強く指導することが必要です。

ガラス戸が二階から落ちて当たっても、「ボーとするな」

小学校卒業の少し前の大掃除の時、二階のクラスの生徒が木製のガラス戸を拭いていて、何かの弾みで枠ごとガラス戸が落ち、渡り廊下を歩いていた私の肩に当りました。幸い頭や顔に当たらず、少しの怪我ですんだのでよかったとは思うのですが、上階のクラスの先生が、倒れている私に向かって、「ボーとするな」と叫んでいました。勿論、それっきり降りてはきません。当時は戦況も厳しくなっていたので、国民の皆が苛立っていたのでしょう。

怪我した渡り廊下の横にある中庭には、その少し前まで観賞用に造られた円筒式の立派な水槽があり、まるで小さな水族館のようでした。水槽には何匹もの魚を入れてあったので、昼休みなどはいつも観賞を楽しむ子供たちでいっぱいでした。しかしこれも、戦況が厳しくなってきた頃には水も入ってなく寂しいものでした。

この二階から叫んだ先生は怖い先生だということで有名でした。本当なのかどうか分かりませんが、前の学校で、児童をスコップで叩き大怪我をさせ、今の学校に回された先生と、子供たちの間で噂されていました。

ある日、この先生が、運動場の真ん中で十人ほどの男の子を並べ、一人ずつ力いっぱい殴っていたのを見たことがあります。どの子供も飛んでいくようでした。理由は分からないのですが、こんな怒り方は時代がいつであれ教育的とはいえません。

私が六年生の時の担任のK先生は、厳しい先生で、剣道でも子供たちを十分に鍛えられましたが、悪いことをしない限りは一切殴ったりはしませんでした。またクラスの韓国人の生徒には、「親孝行である賞」に推薦し、卒業式当日に、受賞するようにされました。差別することのない、とても優れた先生でした。

お母さんの前で先生から何回も殴られた友達

高学年になった時、近くにあった鎮守の森まで遠足で出かけたことがありました。クラスのT君と境内の低い石垣に背中をあてていました。

T君は当時珍しい魔法瓶を持っていて、そこへ同学年で身体も大きいし喧嘩も一番強い隣クラスのG君が、優しいE君と私たちの所に来て、G君が「魔法瓶はこれや」と言って、拳骨で叩いたのです。魔法瓶は、中のガラスが割れてしまいました。この時、E君は見ていただけです。E君はしばらくして心配そうに割れた瓶をそっと撫でていました。

当時の魔法瓶はとても高価で、この瓶のカバーは薄いセルロイド一枚だけでした。

翌日、T君は隣のクラスの先生にE君が割ったと言い付けたのです。私も呼ばれたので、驚いて「E君は何にもしていません、むしろ心配していました」と、状況を先生に話しましたが、T君は「お前は見とらんけん黙っときやい」と怒っています。

E君のお母さんも学校に呼ばれ、職員室で、先生から嘘をつくなと言われ、E君は泣いていましたが、先生から何回も殴られていました。

その席には教頭先生もいました。E君はお母さんの前で、先生から攻め立てられます。

先生も、E君は優しいのでそんなことをする生徒でないことはよく知っていたはずです。これは冤罪です。かわいそうでした。

E君はT君に謝り、魔法瓶代を払わされたのでないかと思います。E君はとても悔しかったでしょう。弱いものいじめです。人間は、弱い者いじめをするという動物と同じ本能を生来持っているのかもしれません。

私が社会人になってしばらくして、ある雨の夜に、タクシーに乗ろうと道路に立っていたところ、それらしい車が止まりました。普通に乗って降りがけに代金を払おうとしましたが、メーターがありません。あれ、変だなと思ったら白タクでした。要求どおり払い、運転席をそっと見るとT君でした。当時はボロな白タクが横行していた時代です。

私が殴られたのではありませんが、この歳になっても、このことを思い出すと腹が立ち嫌な気分になります。

先生の結婚を知ってホッとした

四年生の終業式の時、教育勅語が奉納されていた講堂の壇上に、校長先生と担任のF先生が並んで立たれました。

当時、講堂の壇上の正面には奉安殿があり、そこには天皇の御写真と教育勅語が安置してありました。祭日には、ここの小さな扉が開けられ、白い手袋をした校長先生がおもむろに教育勅語を読まれます。全校生徒はその時直立不動でやや頭を下げていました。きつくなって頭を上げたり、鼻水を強くすすったりというのは厳禁です。

校長先生は「火災の時は火の中に飛び込んで死んでも御真影を守らねばなりません。火災とか地震の時は真っ先に学校に来てこれらをお守りします」と説明していました

F先生が並んでおられるのはなぜだろうと思っていたら、あの怖いF先生が結婚し、現在の中国山東半島の青島にお嫁に行くことになったと校長先生が話されました。当時、結婚の意味は理解できませんでしたが、この学校を辞められるのだということは分かりました。それから私は楽しい気分になるばかりでした。

教室に帰ると皆シーンとしており、先生が改めてお嫁に行くことを告げられると、女の子は皆泣き出しました。男子も何人か泣いていたような記憶があります。

私は、これでやっと叱られることも、叩かれることもなくなるので、うれしくなるばかりでした。ただただ下を向いていました。後で思うに、担任が学校を去るに当たって多くの学童が泣いて別れるということは、とてもすばらしい先生だったということに違いないのですが。

今となっては失礼だったと思います。この低学年時代の精神構造は今でも分からんのです。

空襲で私たちの工業学校も焼け、一時的に博多港近くの同じ市立の鉄筋コンクリート三階建ての小学校に仮校舎（後の項目で詳しく説明します）として間借りしていたことがありました。その屋上からは、北は近くの港から南は遥か博多駅まで遠望でき、周囲は皆焼け野原になっているのが見えました。博多港は大陸などからの引揚者の着く港でした。お嫁に行ったF先生は無事に帰国されたでしょうか。

満州、中国、朝鮮半島からの引揚者の方々の苦労は、筆舌に尽くせないものだと聞いています。現地では、特に若い女性が苦労されたようです。屋上から、引揚者の苦労と、やっとの思いで日本に上陸できた喜びの様子が手に取るように感じられました。

当時は苦手なF先生でしたが、後になって努力する気力を、私にいっぱい与えてくれたのはこの先生だったかもしれません。もしご健在ならばお礼を申したいと今でも思っています。

日本は地形的にも安全な国です。漢民族は敵の侵攻を防ぐために万里の長城を築きましたが、日本は幸い周囲を海に囲まれており、いわばこの海が万里の長城の何倍もの効果があったのです。第二次世界大戦でこの安全だった海を日本人が越えたため、逆にこの海が障害になり、日本へ戻り難くなったのだと思います。

日本人は恵まれたこの周囲の地形や自然、そこから生まれた風習をもっと大切にしなければならないと思います。越えにくい海があるからこそ、直接侵略される危険が少ないのです。

建築の話になりますが、日本は、侵略の危険性が少なく、その安心感からうまれたのが日本住宅の開放的な間取りだといいます。改めて今、日本の住宅の意味を、考えてみてほしいと思います。

陸続きの大陸民族のように、外敵から身を守るために、常時持っていた金属の武器から変化したフォークやナイフとは違って、自然の木の枝からできた箸を使う食の文化をも再考していただきたいとも思います。また侵略の目的ではなく、心を磨くために腰に持っていた武士の大小の刀も、平和への考えに通じるものではないかと思います。

後年、六年生の時の担任を捜したのだが

五年生の担任は男の先生で、生徒も男ばかりの殺風景なクラスでしたが、毎時間とても楽しく面白い授業でした。何の授業でも、一時間のうち笑わないということがありませんでした。アッと言う間に一年が終わったように感じたものです。先生から一つも怒られることがなかったのでホッとしたのもありました。

六年生では、K先生といって、まだ師範学校を出られて間もない若い先生になりました。「希望者は一時間早く学校に来い、木剣で素振りや剣道をやるから」とのことだったので、喜んで参加しました。一クラス四十五人中、参加する者は毎日三人くらいだったと思います。

先生は剣道三段の腕前です。それからというものは学校が楽しく、新聞配達を終え、朝食が終るやいなや直ちに学校へ飛んで行きました。日が短くなる寒い頃は、暗いうちに学校に着くという感じです。当時の校門はいつも開放されていたので、一人だけでも講堂で練習を始めていました。勿論、算数、国語の宿題や予習はするし、算数を解く問題が出るとサッと前に出て解くようになっていました。国語の時間に「誰か読む者」と言われたと

きには一番に手を挙げるようになっていました。六年生になって初めて生甲斐を覚えたようです。剣道のお陰です。

戦時中、六年生は全員が新聞配達するのが決まりとなっていました。現在でいうボランティアのようなものではなく、強制的な勤労奉仕です。朝六時には新聞配布所へ新聞を取りに行き、町内の各家に新聞を入れるのです。私の分担は約五十軒ほどでした。きつかった記憶はありません。結構楽しいものでした。

私がようやく勉強するようになり、両親も少しうれしかったのだろうと思います。当時、年に数回、幾らかの煙草、酒が各家庭に配給されていました。家では煙草や酒を誰も飲まないので、いつもお世話になった方たちに差し上げていました。六年生になると、配給のたびに母親が袋に煙草・酒瓶と家の甘酒麹を入れて、先生に差し上げるように言われ、私は困りながらしかたなしに持って行っていました。

まるでヒイキしてもらうようお願いしているようで、気が引けていました。友達に分からないよう渡すのに苦労したものです。私が工業学校に入学した後も酒、煙草を何回か先生に持って行くように言われました。母親はよほど嬉しかったのだと思います。

社会人になり、K先生に一度お礼を申したいと思い、いろいろ尋ねましたが、なかなか捜し当てることができず、しばらくしてやっと消息が分かりました。戦後の先生方の給料はとても低く、まともな生活もできないような状況だったため、退職して炭鉱で働き、その無理が元で亡くなられたということでした。とても残念でした。

坂井三郎中尉は大空のサムライ

剣道で私を鍛えてくれた六年の担任K先生がある日、ラバウルの海軍航空隊の話を熱心に話されたことがありました。ある航空兵が、苦しい激戦の後やっとの思いで基地に帰り着き、滑走路に着陸した時は全くガソリンがなかったという話でした。

その苦しい激戦というは、ガダルカナル島近くで敵機と遭遇し敵機を数機撃墜したが、その後不幸にも敵弾が顔や頭に命中し右目が見えなくなり、頭からの出血が多く操縦不能に近かったというものです。

帰還中はたびたび意識がなくなり、何度か海面すれすれの背面飛行を繰り返しながら、四時間後、ラバウルにやっと帰還したということを、模型飛行機を見せながら生き生きと話してくれました。

私が学生の時、大阪の中ノ島公会堂に坂井三郎中尉の講演を聞きに行ったことがありましたが、講演の中で、以前聞いたその話を聞いて驚きました。中尉は海軍航空学校に三度目にして合格し、訓練の合間をみては視力を鍛えることに努力をされたそうです。

当時はレーダーなどない時代ですから、自分の目で敵機をいち早く発見した者の方が優位な位置につき、攻撃ができるのです。ですから、早く寝る、決して酒を飲まない、夜遊びしない、煙草は吸わない、街に出るとできるだけ遠くの看板の文字を読み取る努力をし、まだ明るいうちに野原に寝転び、空を見ながら一番星を発見するということをやって、視力を鍛えたそうです。

その甲斐あって当初一・二だった視力が、卒業する時には四・五になっていたそうです。そういえば、コンゴの大自然で育ったタレントのオスマン・サンコンさんは、来日当初は視力が五近くあったのが、数年後は一・二以下まで落ちてしまったとテレビで語っていました。以前モロッコを旅行した時も、アフリカの多くの方は視力が四から五あると話していました。アフリカの大自然で育つと、日本とは違って視力も発育するのでしょう。

中尉は四度負傷されたが、最後に右目の視力を失ったあとも、硫黄島上空で米空軍機と交戦しています。戦争に参加して四年の間に、太平洋上での出撃二百回以上、その間、敵機六十四機を撃墜、かつ生還されたということは、本当にすばらしく、それは中尉の日々の努力が実を結んだ結果ではないでしょうか。

ある日、中尉がガダルカナル上空で爆撃機集団の中の最先頭機を追撃したとき、その爆撃機には後にアメリカ大統領になった議員のジョンソン氏が、戦場を視察するために搭乗していたそうです。この戦闘で中尉は別のB25の大型爆撃機を撃墜されました。

戦後、敵味方の友情に敬意を示す意味で、大統領の招待を受けられました。中尉は平成十二年に八十四歳で亡くなられましたが、米英仏軍からは度々栄誉勲章を受けられています。亡くなった時はアメリカの有名紙の新聞の二面に中尉の記事が掲載されました。

坂井三郎氏は、日本古来の武士道をもった実に「侍」と呼ぶに相応しい人物です。これは日本人の資質に加え、海軍の厳格な規律とその敢闘精神から生まれてきたのでないかと思います。

戦争が激しくなった工業学校時代

大和魂は殴って生まれるものではない

当時は、小学校を卒業すると、高等小学校か中学校または職業学校に進学することになっていました。私は工業学校に進学しましたが、一年生の時期は、農家や飛行場へ勤労奉仕に行かねばならない決まりでした。さらに秋頃（一九四四年）から激しくなったB29による爆撃のために、運動場に大小の防空壕作りもするようになりました。

学校内では上級生との同居となるので、後輩の私たちは、何かというと先輩から気合を入れるということで、殴られていました。今となっては殴られたことも懐かしいですが、理不尽なものもたくさんありました。

当時私たちは、先生や先輩に学校外の道路で会うと、必ず「敬礼」をしなければなりませんでした。学校内では頭を下げます。入学して間もなくのある日、私は朝の登校中に歩きながら何気なく後ろを振り向いたようでした。学校に着き教室に入ると間もなく誰かが私を呼びにきました。先輩の教室に入ると、挨拶しなかっただろうと言うなり皆から殴られ、私は鼻血で顔一面を赤く染めました。

朝、振り向いたときに遠くに先輩がいたのに、私はまったく気がつかなかったようです。

水飲み場で鼻血を洗いタオルで拭いて、授業が始まっていた教室に帰り、教科担当の先生に遅れた理由を言うと、集中力がないからだと、私が注意されて終わりです。また、ある若い先生は生徒を並べ皮のスリッパで顔を叩いていました。こんなことは日常茶飯事なので驚くことはありません。野球のバットで本気でケツを殴られた同級生は何人もいます。

あの当時一番辛く気合を入れられたのは、学校全体で行軍の訓練をした後学校に帰り着くなり、運動場でゲートルを巻いたまま先輩からしばらく正座をさせられたことです。もちろん理由は分からないままです。

こんな状況でしたが、「殴らねばできないような大和魂は何の意味もない。大和魂は殴って生まれるものではない。お前たちが先輩になったときは、決して後輩を殴ってはいけない」と言っていた、心ある先生もいました。剣道を教えてくれていた先生でした。

楽しいこともありました。先輩たちが予科練の航空隊に入隊するときには、博多駅に行き、頑張ってくださいと思いをこめて一所懸命、軍歌を歌って声援を送ったことです。時には博多駅の屋根の上で歌ったりもしました。

私が工業学校に進学したのは終戦の前年になります。授業数はかなりたくさんありました。一番記憶に残っている授業は英語です。他の学校では敵国語である英語の授業はなかったのに、本校ではとても厳しい英語の授業がありました。特に発音に関してはやかましく、鞭を持った年配の先生がよく机を叩いて教えていました。

多くの学校が敵国の英語の授業を禁止していた時代に、よく英語を教えることができたものです。発音の勉強をしようと同じ敷地の中にある別棟の捕虜収容所に行き、アメリカ人の捕虜と片言の会話をしながら発音を参考にしました。

捕虜たちは、よく彼女と写った写真を自慢しながら見せていました。彼らはツーショットの写真をはげみにして、先の分からない不安な捕虜生活を送っていたのでしょう。しかし当時の日本の教育は、男は男らしく「男女七歳にして席を同じくせず」をモットーにしていた時代だったので、彼女と仲良く写っている写真は理解に苦しんだものでした。

二年生になると、学徒動員で福岡市が空襲を受けたときに延焼を防ぐため、道路を広くする疎開事務所や、鉄の鍛錬工場に行くようになったので、先輩たちと会うこともめったになくなりました。そして空襲などはさらに厳しくなっていきました。しかし、私たちは、殴られることもなくとても楽しい毎日を送ることができました。

二階から落ちた兵隊とアメリカ魂

捕虜収容所が一部にあったので、兵隊の警護の厳しい工業学校でしたが、私は毎日一番早く学校に着くようにしていました。早く行かないと市内電車も混むし、先輩に見つけられていいがかりをつけられて、いつ殴られるか分からないからです。

校門には二人の銃剣を持った兵隊がいて、正しく立ち止り敬礼をして校門を通ります。ある日の早朝、誰もいない学校に登校すると、収容所に常駐の一人の日本の兵隊が上官から叱られ殴られています。かくれて見ていたところ、殴られている理由は、この兵隊が早朝、寝ぼけて二階から小便をして誤って落ちたようでした。軍人でありながら精神がたるんどる、と言って、骨折して立つのもやっとの大怪我をしている兵隊に気合を入れているところでした。しかしその姿は、失礼ではあるが、滑稽でした。

この頃になると、北九州の工業地帯は連日爆撃され、今や帝都東京にも爆撃が始まろうとしているときでした。市民の顔付きも厳しいものに変わっていました。軍隊内のこととはいえ、平和な現在にこのような事件があったら世間の反応はどうでしょうか。

B29が日本を爆撃した最初の地域は、北九州の関門です。関門海峡に磁気機雷をたくさん敷設したのが始まりでした。

磁気機雷のことを少し説明します。この機雷の設計依頼が、日本の軍部から私が教わった物理の先生が所属している物理学会にあったそうです。海底に敷設した機雷が船を探知したら浮上し、船に近づき爆発させるという兵器ですが、いろいろ研究した結果、無理だという結論に達したので断ったそうです。しかし、米軍はこの磁気機雷を研究に研究を重ねて完成させ、日本の海運上最も重要な関門海峡に、この磁気機雷を投下したのです。磁気機雷の開発、アメリカの開拓精神がこんなところにも現れています。

戦後初めて日本が知ったものの中に、磁気砲弾があります。これには直径三〇数ミリ以上の砲弾につけられたものです。磁気を感知すると自動的に爆発するという装置が付いているのです。このため、日本機めがけて砲弾を打つと、機体に命中せずとも一〇メートルくらいに近づくだけで自動的に爆裂するという優れたものです。この磁気砲弾は、日本の軍部も科学者や技術屋さえ思いつきもしなかったものです。レーダーは、開戦の数年も前にアメリカがすでに開発に成功しています。ハワイの真珠湾攻撃のときには既にこのレーダーが設置してあったのですが、攻撃の朝、当番兵がうっかり見落としたため、日本は運よく真珠湾攻撃に成功したという経緯があります。

現在、アメリカを中心として日本が参画している研究で、敵ミサイルを迎撃ミサイルで撃ち落とすというものが開発中です。先の磁気機雷がそうだったように、アメリカの開拓魂と日本の電子技術によってきっと完成することでしょう。完全なものが開発されれば、核ミサイルで攻撃されることもなくなり、全世界のミサイル攻撃もありえないものになると思います。平和のために一刻も早い完成を望みたいものです。

工業高校の英語担当の先生は絶えず鞭を持っており、よく机を叩いては生徒にハッパをかけていました。この先生が、「日本には大和魂があるが、アメリカにもアメリカ魂があるぞ」と言っていました。戦後になってアメリカのことがいろいろ分かっていく中でナルホドと理解できました。

戦争のための技術開発では思いもしない成果もあるものです

日本への爆撃が重なるに従って、日本の工業力は衰えてきました。関西の工業地帯である尼崎は理由が分からないまま地盤沈下が進んでいました。当時は工業用水を地下に頼っていたこともあって、問題になり始めていたのですが、空襲の回数が多くなるに従い工場の稼動が減少し、この地盤の沈下量が少なくなりました。空襲によって初めて、地盤沈下は地下水の汲み上げが原因であることがはっきりと分かったのです。

昭和三十年の半ば頃までは、沖積平野での地盤沈下に農村は困っていましたが、これも農業用水の汲み上げ過ぎによるものと判明してから、数年後には汲み上げが規制され、都市を含め沖積平野の全部の沈下が止まりました。

海中に隠れている潜水艦を発見するのにソナーを使用しますが、このソナーが完全なものになり、海洋底の状況が一目瞭然となりました。気象・地質学者であったウェゲナーの提案していた大陸移動説も、これによりはっきり証明されました。このソナーは魚群探知機として一般によく使われるようになっています。

餅を搗いたけん食べちゃんしゃい

アフリカ大陸では、エジプトとモロッコへ旅行したことがあります。ヨーロッパ大陸から地中海を隔てただけで、さほど離れていないこれらの国は、ローマ以前の時代から貿易が盛んだったにも関わらず、ヨーロッパ諸国にくらべて生活の格差がかなり大きく、それらの国々では、都会から離れるにつれて貧しさが増していくのが現実です。さまざまな報道から推察すると、アフリカ全域の国々の平均的な生活は、私が今まで思っていた以上に貧しいと思われます。

日本の戦後の復興は、アメリカや世界銀行をはじめとする国際社会からの支援・融資を受けながら、自助努力で再興をなし遂げました。いま日本はこの支援の有効性を世界に還元すべきです。日本の政府開発援助の支援額は近年やや低くなったとはいえ、アメリカに次ぐものです。この度このＯＤＡについては幸いに今後増額の方向に転じる方針が明らかになりました。

我々はもっと真剣かつ有意義に、国を選定し、食料や技術援助の手を差し伸べなければならないと思います。戦前戦中の経緯もありましょうが、人工衛星を打ち上げ、原爆も所有し、我が国に脅威を与えている国へのＯＤＡの援助はぜひとも再考すべきでしょう。

世界大戦中と戦後のしばらくは、日本人の大方が食糧に困っていました。戦時中は国策上、食糧の配給はまだましでしたが、戦後の混乱期になってからの配給はほんとうに微々たるもので、米国の救援物資に頼っていたのが現状でした。農村に買出しに行ける人はまだいい方で、家族がいて交換できる物のない人はとても困っていたようです。

戦時の終わり頃のことです。私の家にじゃが芋がカマス（カマスとは穀物を入れるための藁で編んだ大きな袋。一袋五〇キロぐらい入る）が七個ぐらい、知り合いの農家から馬車で届けられたことがあります。これを親父は、町内の六十―七十軒の各家に天秤で量り少しずつですが、漏れなく配りました。当時、燃料の炭団《たどん》（炭の粉をまるめたもの）も同じくよそから手に入れて町内の方々に配っていました。最も食料や燃料難のこの時代に親父のこの行為、立派だったたと思います。

私は、今のテレビ番組の中で、どちらが美味しいかを比較する、贅沢極まりない料理番組や、パイを投げつける遊びの番組などにはとても腹が立ち、勿論これらは観たくもないので番組をすぐに替えています。

中華街を歩いたある日、あるラーメン屋には十五人ばかりの若者が並んでいましたが、二軒ほど先のラーメン屋はがら空きになっていました。並んだのは美味しいからでしょうが、少しの味の良し悪しくらいでなぜと思うと、これまた贅沢さに腹が立って仕方がありません。

外国の方々は、日本のレストランで、食べ残しが多いのを見て非常に驚くようです。戦時中は、早朝から二時間待って卵一個がやっと手に入るという状況でした。それでも後で考えると、このお店の方は貴重な卵をよく売ってくれたと感謝しています。自分の家族分の食料を手に入れるだけで精一杯の時代に、皆のために、特定の農家から買い寄せしていたと聞きました。今でもこの店の前を通るときは頭が下がります。また、市内の真ん中に雑炊を売ってくれるお店がありました。午後五時に開店なのですが二時間も三時間も前から並びはじめ、開店時には毎回三百人はいたと思います。買えるのは一人一杯だけです。勿論立ち食いです。しかしこの店も食糧不足のために二カ月ぐらいで閉店になりました。この雑炊はほんとうに美味しかったことを覚えています。

現在、日本の食糧自給率は四〇パーセント程度といわれています。今、外国から食糧がこなくなったらどうなるでしょう。石油不足くらいの問題ではありません。国民は、数十年前のオイルショックで多少肝を冷やしたが、これなどはまだ論ずるにたりません。私のような高齢者たちはあの時代をよく知っています。まことに恐ろしいものです。贅沢三昧を知った現代人はパニックになることでしょう。

戦時中、工業学校に入学した当時は生活物資の全てが不足していました。特に食糧不足は厳しく、一般の家庭では保存していたわずかな食糧も底をついていたと思います。入学当時、横の席にいた農村からきていた友人が「昨日、村で餅を搗いたけん食べちゃんしゃい」と言って五個ほどくれたことがありました。またあるときは、牛肉の焼いた塊を四個ほどくれました。その頃になると、精肉店そのものがなかったので、とても有り難いものでした。

戦中戦後の食料不足の時代は勿論ですが、私は今まで塩辛いとかしょっぱいとかは別として、自宅でも外食でも「美味しくない」と言って食事をしたことは一度もありません。おふくろも先生方もいつも言っていました。一粒の米でも捨てると「バチ」が当たると。

日本の若者は、もっと食べ物を大切にしなければ、いつか天罰がくだるのではないでしょうか。

伊能忠敬の愛弟子から指導をうけた

終戦の半年ほど前、勤労学徒の名の下、疎開事務所への動員がありました。この仕事は福岡市が空襲を受けたときに備えて、延焼を最小限に防ぐために既存の道路を拡幅する仕事です。道路に沿った予定の建物を取り壊したあとを測量し、新しい道路地図を作ることが仕事でした。勿論、弁当持参の勤労奉仕であります。

私たちの班の測量士はかなり年配の方で、伊能忠敬の愛弟子から技術を教えていただいたという方でした。四人ぐらいの生徒が一グループとなって働いていました。作業の内容は平板測量というもので、特訓を受けた後、だいたい一週間もあれば、測量士が留守でも図面ができるくらいになっていました。この作業で驚いたことは、弁当のとき、行く先々で近所の家々がお茶を持ってきてくれたことです。食糧難の時代ですからお菓子などは勿論ありませんが。

測量作業というのは、江戸時代から民衆より敬意を持たれていたのでしょう。伊能忠敬の時代は、測量する藩が測量士たちの全ての面倒を見たといわれます。また私たちの班の測量士は、伊能忠敬のことや測量の重要さなども話してくれました。

中でも印象深いのは、地球の大きさの測り方を教えてもらったことです。私が物の大きさを考える上で、地球の大きさを一つの基準としてとらえ始めたのはこの頃からです。

六月十九日の福岡大空襲までは、いろいろな勉強もできてとても大変楽しい毎日でした。取り壊す前の建物には誰もいないので、その建物には生徒たちは土足で自由に入ることができ、この取り壊す前の高級住宅やさまざまな建物や庭園を見ることができました。

座敷に入っては床の間の立派さに手で触ったり感心したり、庭園の広さに驚き、当時は見て回っていただけでしたが、後に建築家として、または専門学校で測量を教えるようになったとき、これらの経験はたいへん参考になりました。

何が幸いするか人生ホントに分かりません。農家への勤労奉仕というのは、出征した兵士をもつ家で田畑の作業を手伝うというもので、これも尊い作業ではありますが、私にとってはやはり測量作業が興味深く、勉学に直接結びつくものでした。

測量士のお陰だと思うのですが、映画館周辺の測量の時、なぜか測量員は自由に映画館に出入りできたので、昼休みには映画を見ながら弁当を食べました。

当時の映画は全て戦争物ばかりでした。映画館の入り口の床には必ずといっていいほど米国の旗か英国の旗が踏み絵として描いてあります。ある映画館にはアメリカ大統領ルーズベルトや英国首相チャーチルの踏み絵もありました。

これら映画館も劇場も含め、福岡大空襲でこの一帯が焼け野原になってしまったので、疎開事務所での作業は中止になり、今度は福岡市郊外にあった鉄の鍛錬工場で勤労学徒として奉仕をすることになりました。

大和魂を持っていればB29を落とすこともできる

工業学校の二年生の頃、勤労学徒として郊外にある鉄の鍛錬工場で働いていたとき、軍から指導目的で軍人がきたことがありました。この頃は既に日本上空にはB29がいつも飛来しており、爆撃も数多く、博多の空襲も終わった頃で死者もたくさん出ていました。当時は誰もが自分は特攻隊であるというような気持ちになっていました。

特攻作戦当初の頃は、特攻隊に志願した航空兵は飛行服の腕に日の丸を縫い付けていたので、生きた神兵として少し格好もよかったのですが、この頃になると国内の爆撃で死者もたくさん出るようになってきていたので、老若男女の皆が、自分は特攻隊と同じようなものだと思うようになり、腕に日の丸の入った航空兵を見ても敬意を払わなくなってきていたようです。

この軍人は、「我々には大和魂がある。心の持ち方でB29を落とすことも可能である」と、よく分からないことを並べ、生徒や工員たちの戦意を高揚しようとしていました。

またある技術将校は、北九州で体当たり攻撃（B29は大型の爆撃機で日本の戦闘機の機関銃ではなかなか落とすことはできないので、自ら敵機に突っ込み撃墜するもので、これが特攻作戦の始り）して、撃墜してきたというＢ29の破片を一部持ってきたことがあります。それは長さ一五センチのボルトとナットです。水平にしたボルトの片方からナットを入れ少し回転させると、手の力だけでナットが数センチ動きます。一方、日本のナットは一つも動きません。それは日米の技術の違いを示しているようでした。見ている私たちはいかにもこの戦は負けだと言われたように感じました。

負けないようにもっと精巧な物を作れと気合を入れにきたのでしょう、現に、練習中に練習機が整備不良で数回落ちたのを自宅近くの飛行場に見に行ったことがあります。陸軍と違って国際的な感覚を持っていた海軍士官や技術将校たちは、実はアメリカに比べて日本の国力の弱さを十分承知していたのかもしれません。

そういえば学校が空襲にあう前にも、学校に陸軍の偉そうな将校がきて、「敵はガダルカナルに進攻した。勝敗はここで決まる。大和魂をしっかり持たねば」と大きな声で演説していました。

この鉄の鍛錬工場での勤労奉仕の中で、一つ楽しみがありました。それは昼飯が出ることです。昼飯といっても、大豆と麦飯の混ざったものが丼に軽く山盛り一杯です。それに塩だけという味付けで、あとは南瓜を煮たものが少しでした。でも美味しかった。

食べ物には、皆ほんとうに苦労していました。工場内では、作業場で私たちの班の工員さんが塀をのり越え、近所の畑から南瓜を毎日一、二個盗んできては小さな缶で水炊きし、私たちにも幾らか分けてくれました。味つけもなかったのですが、とても美味しかったものです。

一般市民の終戦後はさらに悲惨でした。配給はほとんどなく、闇米はありましたが、米一升が一番高いときで当時の公務員の初任給一カ月分はしたのではないでしょうか。ほとんどの市民は田舎に買い出しに行っていましたが、買える人はよいほうで、金もなく物々交換する品物もない人のほうが多かったようでした。

終戦の翌年の春頃、友人宅に遊びに行ったときのことでした。その妹が家の奥で泣いています。友人にどうしたのと聞くと、腹が減って食べ物がないので泣いていると言います。どうしようもありません。今でもあの泣き声が聞こえてきます。

ジャングルにアメリカは一週間で飛行場を造った

工業学校に入学して間もなく、二、三カ月に一度は、出征兵士の農家へ勤労奉仕に行っていました。仕事は田の草取りや稲刈り、麦刈りなどです。いずれも泊り込みで一週間くらいでした。

農家によって違いはありましたが、中には結構鍛えられた農家もありました。稲刈りを手伝うと、翌日は足腰が痛くてなかなか動けないこともありました。この農家はご飯を食べさせてもらっているのだから、働くのは当然といった態度でしたが、ある農家ではよく頑張ってくれましたと、帰りに一人一升の米をくださったところもありました。

飛行場建設の労働は頻繁にあり、しかも大変でした。これは、各自弁当持参の早朝から夕方までの作業で、一回が三日間ほど続きました。飛行場は広々して吹きさらしの状態ですから冬の作業は本当に辛かったものです。

農家からきていた友人は、畑で使用するゴムの地下足袋を履いていますが、町出身の生徒はほとんどが下駄履きだったので、冬の北風はこたえました。飛行場というのは今の福岡空港のことです。

この陸軍の飛行場は年間を通じて、北から南へ一方的に風が吹く良好な場所です。私たちの作業の内容は主に、直径一メートルの石のローラーで地盤を転がして滑走路を踏み固めるか、滑走路横の排水路を造るというものでした。

本来この排水路には砂利を詰め、砂利の隙間を排水が流れるようにするのですが、当時はこの砂利が不足していたので、かわりに竹を二メートルぐらいに切って詰めるのです。実に情けない工法です。

この陸軍の飛行場は、当時、造り始めて二年以上経っていました。戦争の初期にシンガポールやフィリピンで捕虜になったイギリス人やアメリカ人が二、三百人ほどいました。捕虜が来た当時は、日本のご婦人はこの捕虜たちを見てかわいそうにと情けをかけていたようです。

飛行場の片隅には戦闘機が数機あちこちにおいてあり、その周りは高さ三メートルほどの土手でコの字に囲まれており、捕虜たちはこの掩護提を造っていました。終戦近くになるとこれらの戦闘機は全て特攻隊として出撃したそうです。

作業する勤労学徒は、市内の学校から交代で日に数百人は来ていました。

一方この飛行場にいた技術将校たちは、「アメリカはすごい。日本の飛行場造りなんて足元にも及ばん」と異口同音に呟いていました。

アメリカはジャングルに飛行場を建設するとき、先ず殺虫剤（ＤＤＴ）をジャングルに撒き、次にブルドーザーでジャングルの樹木をなぎ倒した後、地盤を均し、最後に幅広いキャタピラーを敷いて終わります。最初から最後まで、ほんの一週間もあれば当時の軽い戦闘機ぐらい離着陸できるとのことでした。

当時の日本にはＤＤＴのような効果をもつ殺虫剤などなく、せいぜい蚊取り線香かアースぐらいなものです。ＤＤＴを初めて知ったのは、戦後、福岡市内にコレラが蔓延したときに米軍機からＤＤＴを散布したときです。この時、アメリカの文化には皆、驚き感心したものです。一方、ＤＤＴなどの被害について考える余裕は、当時の世界には全くといっていいほどありませんでした。

この陸軍飛行場建設の作業中にブルドーザーなどの重機は見たことがありません。よくもまあ生産力に格段の差があるアメリカと戦争したものです。私はその後、建築、土木を専門としましたので、はっきりと分かりましたが、アメリカと日本の技術力、生産力の差はこの程度のものではありません。近年になってやっと、日本人の努力によってアメリカに近づきましたが、近代の土木建築技術の基本となるものは、多くがアメリカからきています。

戦後の朝鮮動乱期前後のこと、飛行場建設作業で港から飛行場まで機材や建設材料、砂利を輸送するために使用した大型ダンプ、トラックやトレーラの運搬量は、それは大変なものでした。砂利は上陸用舟艇で次から次に港から飛行場まで運んでいました。それも連日連夜です。Ｂ29の航空機の滑走路における着陸時の衝撃力は、数百トンにも達し、それに耐えるだけの滑走路を造るにはたくさんの砂利、コンクリートを必要とするからです。

戦車などの兵器の修理は日本国内で行っていたと聞いています。当時修理をしていた技術屋の話では、日本で修理を終えた兵器の方が、むしろ前よりよくなったとアメリカ兵が喜んでいたそうです。日本人特有の精密な技術力は、私たちの身体にしみついているのかもしれません。

教師をして間もなくの一九五五（昭和三十）年の頃、福岡市近郊のある山麓で、アメリカ陸軍工兵隊によって地山を掘削したり埋め立てたりする、重機でのデモンストレーションがありました。アメリカ工兵隊の土木機械の重機が二十種ほど作業に参加しているのを見学したときは、建設業者一同驚嘆の声をあげたものです。写真でしか見たことのない重機が何台もいたのですから。

当時の日本で生産されている土木機械といえばブルドーザー程度でした。この見学会の帰り、現場で見学者全員にコカコーラーとサンドイッチが振舞われました。これまでの日本での見学会で、飲み物を振舞われたことなどなく、アメリカの生活水準の高さを垣間見たような思いがしました。

同じ頃、アメリカ国内の建設現場作業を見学した方の報告では、人間が直接土や砂利をスコップで作業することはないとのことでした。本当だろうかと疑ったものです。

今の日本では小さな重機とはいえ身近な工事現場で普通に目にすることができるようになりました。日本もほんとうによく発展したものだと感心しています。

焼夷弾の燃えている横に、アメリカ煙草が

戦時中、福岡市の中央に位置するところに、一部が捕虜収容所と統合している木造二階建ての立派な市立の工業学校、これが私の通学していた工業高校です。学校の裏手は博多港に面し、周囲には木材集積所や大きな製材所もあります。またその一部は木製飛行機の製作所にもなっていました。金属不足から、輸送機や特殊な航空機は木製にという方向で研究が重ねられていたようです。書物によると、終戦の頃は、この木製飛行機でも時速六〇〇キロは出ていたそうです。この速さは戦争初期の戦闘機レベルです。

一九四五（昭和二十）年六月十九日の夜中、十一時過ぎに空襲警報のサイレンが鳴ると、数分ぐらいでＢ29の爆音と同時に、南の空から焼夷弾が花火の雨が落ちてくるように落下してきました。アメリカ軍の資料によると、総計二百五機は飛来しています。敵機が去るまでの時間は僅か三十分ほどでした。

市内の建物が燃える煙は、Ｂ29が飛んでいる四〇〇〇メートルを遥か高く超えるほど上がっていたので、おそらく優に一万メートルはあったでしょう。資料によると、焼夷弾の

総計は一五三〇トンです。市民の死者は約千人、うち百名は未だ氏名も分かっていません。

当時、私は勤労学徒として市内の道路を広げる作業に動員されていました。爆撃されても延焼しないように、道路の幅を広げるため、疎開事務所の測量員に駆り出されていたのです。爆撃の翌朝は勿論働くために集合場所の学校に行ったのですが、学校は焼けて全く何にもなくなり、瓦礫だけになっていました。先生も数名しか来ていませんでした。仕方のないことです。

取りあえず自主的に焼夷弾を集める作業をしましたが、驚くことにこの焼夷弾は校内だけでも約五百個は落ちていたと思います。まだ焼夷弾や焼け残った一部があっちこっちで燻っています。学校は木造二階建てだったので、何にも残っていませんでした。学校にかなり集中的に落ちたのでしょう。

そのなかに不思議にも駱駝《らくだ》の絵の付いたアメリカ煙草キャメルがまだ十五本ほどは残ったまま落ちていました。拾ってみますと、乾燥もしていない状態で、まだ良い匂いが残っています。日本の煙草とは違いとても甘そうです。今思い出してもよい香りがしてきます。

戦時中の日本での配給のタバコは紙袋には入っておらず、皆バラでの配給でした。戦後のアメリカのタバコは現在のものと何ら変わりません。フィルターがないだけです。しかしなぜ、未だ燃えている火の近くにあったのでしょう。煙草はあとで派出所に届けました。

福岡市立博多工業学校の正門(創立時は第一，第二工業学校として発足した)

当時の工業学校。校舎の一部は捕虜収容所だった

私はいつもは煙草を喫いませんが、喫茶店で気分がゆったりしたときだけ、喫います。そのときはなぜかキャメルときめています。いつもあのときを思い出します。

終戦直後、米軍捕虜が先生にお礼に

戦時中、私の学校には和佐井大佐というとても偉い軍人が配属将校（学校の生徒、学生に軍事教育をする軍人）として赴任しており、生徒に教練を教えていました。当時の配属将校の学校での地位は、校長と同等かそれ以上だったそうです。五十歳ぐらいの軍人で、とても厳しい先生でした。

ある日の教練の時間、直立不動の姿勢をとらねばならないときに、ちょうど風をひいていて鼻水が服まで流れたので、素早く拭いたのを運悪く見つけられ、すごく殴られたことがありました。殴られるのは日常茶飯事の時代でありますから、私が悪かったと思っています。その配属将校は終戦の半年前に国防上最も重要な位置にある対馬の司令官として転勤していきました。

次にこられたのは伍長の兵隊で国松先生という方でした。三十代半ばの兵隊さんでしたが、この先生は立派な学識を持つ穏やかな方で、当時珍しく英会話も堪能でした。

私が通っていたこの工業学校の一部は、戦争当初、南方で捕虜になった米英軍兵士が二十―三十名あまり収容されていました。伍長の先生はこれら捕虜の管理もしていたようです。英会話が堪能なので教育係のような役職だったのでしょう。

戦争中、多くの学校で英語教育は敵国語として廃止されていた時代、私たちの工業学校では必ず必要になるとの理由で戦時中より厳しく教育されていました。英語教育の初期の発音は厳しかったのですが、この捕虜教育係であった国松先生は時々英会話の基本を教えてくれたので、私たちは暇があれば捕虜たちの所に行き、会話を楽しんでいました。これら捕虜のほとんどが彼女と一緒に撮った写真を持っていたことは前にも述べた通りです。

捕虜たちの弁当は、どれも大きな木製の弁当箱にご飯がいっぱい入っていたし、おかずとしては小さな箱に味噌がいっぱい詰まっていました。当時の私たちの食事より遥かに上等です。終戦間際のＢ29での爆撃を受けていた当時の食糧難の時代でも、日本軍はいくつかの例外を除いて、捕虜をそんなに悪くは扱っていないと思います。

北九州の爆撃で撃ち落とされたＢ29の搭乗員の数名を、日本人が山中で空手で突き殺したり日本刀で打ち首したり、また九州のある病院では人体解剖実験をしたこともありました。

この当時、私たちの伍長の先生は、誰もが空腹な食糧難の時代に、捕虜の当番兵を代わる代わる自宅に連れて行き、市民の一般が口にすることもできないぜんざいなどを少しではあったでしょうが食べさせていたそうです。

それらの捕虜たちが、敗戦と同時に米軍から投下された緊急食料を持って先生の自宅にお礼に来たといいます。この美談は当時の新聞に大きく報道されました。敗戦の翌日、元陸軍の飛行場（今の福岡空港）へＢ29が数機飛来し、赤、青、黄、白など美しい落下傘に緊急物資を結んでたくさん落としました。この緊急物資には当時の日本人が見たこともない食料がいっぱい詰まっていたことでしょう。色とりどりの落下傘はとても美しいものだったし、皆が欲しそうな顔して仰ぎ見ていました。

この飛行場では建設のため捕虜が二百－三百人働いていましたが、彼らはひそかに自転車の部品を拾って短波受信機を作っていたそうです。だから、国際状況を始め、敗戦の日については玉音放送がある何日も前から知っていたといいます。

もう一つ驚くことがあります。米英軍の捕虜たちの間では、捕虜期間中の少ない食糧の配給において、何一つとしてもめごとがなかったといわれています。このことは、戦時中に日本の将校が驚いていました。日本の兵隊だったらこうはいかないだろうなと。

福岡市の大空襲の日、伍長の先生の家の十数メートル手前で延焼が止まったと聞きほっとしました。

開戦の当初は、軍部は戦果について正確に報道していましたが、戦が落ち目になると、だんだんと不正確な報道になってきていました。ラジオのニュースでやっていた終戦間近の戦果報告は、始め軍艦マーチが流れた後、「敵航空母艦一隻轟沈、駆逐艦三隻撃沈、航空機三十五機撃墜、我軍の被害は航空機十五機」というような調子でした。戦後の調査では皆な出鱈目《でたらめ》だったことが判明しました。

日本の戦果報告によれば、この大戦中撃沈した敵航空母艦の総数は三十隻余りとありますが、実際は四隻だったのです。B29の空襲もますます激しくなっているのに不思議だなと、少年の私でも思っていたものです。

福岡の大空襲でも、敵機約六十機と報道していました。当時放送を聴いていた人は今でも六十機と思っているかもしれません。しかし後の調査ではなんと二百五機のB29が飛来しています。市内には焼夷弾が広い範囲に落ちたので、あっという間に市内中が炎になり、広く燃え尽きてしまいました。この日は暑い夜でした。私は裸で寝ていたのでしょう。突然の空襲のため裸で防空壕に飛び込みましたので、小さな壕内でおふくろからやかましく怒られました。

Ｂ29はサイパンを飛び立ち、鹿児島上空から博多に飛来していますが、鹿児島上空近くにきたとき、軍は直ちにトラックで捕虜たちを安全な場所に避難させたそうです。ですから捕虜の死者は一人もいませんでした。市内の死者の合計は約千人ほどでした。

防空壕から見る、飛行機からの火のついた焼夷弾の帯の雨は、子供ながらに怖くもありましたし、不謹慎とは思いますが、美しいとも思いました。火のついた焼夷弾が滝のように幅広く落ちてくるのですから。

地上からは日本の高射砲もさかんに撃っていましたが一つも当たりません。爆撃機の下で爆発するか横で爆発していました。

この空襲の翌日、市内の中心街に位置する川端にあった第十五銀行（現・博多座）の横を通ったときは目を覆いたくなるような惨状でした。その地下室で六十人ほどの市民が亡くなっていました。この銀行の近くの市民が、空襲と同時に地下室へ避難したのですが、アッと言う間に停電となり、シャッターが開かなくなり、全員が蒸し焼きになったということでした。銀行前の道路はなんともいえない光景でした。学校の帰り、ちょうどホースで放水中のところを目にしました。周囲一帯に人の焼け焦げた臭いでいっぱいでした。

空襲の翌日、奈良屋小学校の出来事

福岡市は博多湾に面しています。市内のほぼ中央の南北方向に大きな那珂川が流れていて、昔はその東側を商人の町「博多」と呼び、西側の武家屋敷を「福岡」と呼んでいました。その商人の町の中心に奈良屋小学校があります。この学校は、当時としては市内で最も立派な小学校で、鉄筋コンクリート造の三階建です。

大空襲のとき、この奈良屋小学校を中心に広い範囲がすっかり焦土となりましたが、建物が耐火構造だったことと、学校の前に広い道路があったおかげで、一部は焼けてしまっていたものの、大方は延焼を免れていました。

空襲の翌日の下校途中、六十人ほどの方が焼死された第十五銀行を見て何とも言えない気持ちになっていましたが、この小学校の横を通ってさらに悲惨さを実感しました。

一階の五つくらいの教室にびっしりと焼けて亡くなった方たちが安置され、たくさんの方が我が子、我が親、知人を捜していました。亡くなった方たちは皆苦しそうに手の指を広げ、掻きむしって、何かを求めているようでした。空襲による文字通りの阿鼻叫喚のさまを明示していました。

私が通っていた市立の工業学校は校舎が全て焼失してしまい、行く場所もないので、戦後の二学期の始業式は、この奈良屋小学校の焼け残った場所で行われ、学校が再建されるまでの間、この小学校が仮校舎となりました。仮校舎としての期間、小学生の姿はあまり見かけませんでした。周囲は焼け野原で、住まいがほとんどなかったからでしょう。

この仮校舎に一年間ほど通学していたと思います。米軍が進駐して間もなくの頃、屋上で外を眺めていたとき、小さな車（ジープ）が、港から直線の広い道路を時速一〇〇キロぐらいで博多駅の方に走っていきます。乗っていた兵隊はそれぞれ機関銃を抱えていました。そのスピードのなんと速いことでしょう。今でこそ当たり前のことになりましたが、当時の日本の車はせいぜい時速五〇キロしかでない時代です。

もう一つ、アメリカの文化に驚いたことがあります。進駐軍がきて間もなく博多駅近くの木造のホテルが火災に遭ったときのことです。日本の常識では水の出は少々悪くても何とかホースで放水して消火するというものですが、「アメチャン」はホテルの周囲の家々にダイナマイトを仕掛け、一斉に爆発させてしまいました。確かに鎮火はしたし、延焼も食い止めたのですが、その一画はホテルもろとも大きく破壊されてしまいました。

進駐して間もなくのこと、片言の英語で話そうということで、アメリカ兵の進駐場所（キャンプ）に友人と出かけたことがありました。

冬の寒いときでしたが、大きな軍のダンプトラック数台で石炭をグラウンドに山と積んではたくさんのガソリンをかけて一斉に火を放ち、暖を取りだしました。戦時中は「ガソリンの一滴は血の一滴」であることを信じていたときです。飛行機の燃料不足のため、松の樹液を精製してまでガソリンの代用としていた戦時中と比較し、何ということだろうと、少年の私たちはアメリカの文化に驚きの連続でした。

終戦後の数年間は大変貧しく、十分な家もなく食料もなく低電圧のわずかな送電はほんの短い時間帯という生活でした。今考えると不衛生そのものの闇市場でしたが、金さえあれば何でも手に入りました。闇市場では復員軍人に混じって多数の気の毒な傷痍軍人も目につきました。

この混乱期は社会の全てが不安定で、焼け跡では穴を掘って作った防空壕を住まいにした家も結構あり、この住まいが完全になくなるまでは三年近くはかかったようです。

大切な夫や息子を徴兵に出していた時代でした。私の家では兄が逓信学校出身だったので、数年間の徴兵延期がありました。徴兵により、八月一日に航空機の通信兵として出征しましたが、幸いにも終戦の日までの僅か十五日間だけの兵役で、後は残務整理をして復員してきました。しかも、一段と逞しくなっていたので母がとても喜んでいました。

学校建設に二年間も生徒を参加させる

勤労学徒をしていた頃、福岡市の大空襲で学校が焼けると同時に、疎開事務所での仕事は中止になったので、その後は終戦までの間、市郊外にある飛行機部品を作る鉄の鍛造工場に勤労奉仕をすることになりました。

鍛造工場への出勤は、自宅近くの駅から博多駅を通り、二つ先の駅までの汽車通勤でした。この列車で時々惨状を目にしました。あるときはここに来るまでの間、どこかで機銃掃射を受けたのか、いたる所に機関銃の弾丸が当たり車両が傷だらけです。またあるときはひどい攻撃を受けて、屋根の一部がありません。窓の一部がなくなっていたる所に銃弾の後と血がこびりついていたこともありました。当時は結構やられたなくらいの軽い気持ちで見ていたものです。

ある日の通勤途中、一度駅構内で列車事故を見かけたこともあります。女の人が轢かれて両足がばらばらで腸も出ていたのですが、列車は止まろうともせず、しばらくして逆方向の列車がその上を走っていきました。レール上の死体からは熱で湯気があがっていました。死体を整理したのは一体いつになったのでしょうか。慣れるということは恐ろしいことです。

工場での生徒や社員の間では、超新鋭機とうたわれている震電（Ｊ７）が近くの九州飛行機製作所で製作中であると噂されていました。この飛行機はプロペラが後ろに付いた、逆推進型機で、径三〇ミリ四門の機関砲を持つザリガニに似た飛行機です。噂ではＢ29が飛行する位置まで二分で急上昇するといわれていました。攻撃した後は滑空式で降りてくるのだそうです。終戦間際にこの飛行機が私たちの工場の真上を試験飛行したのを二度ほど見たときには感動しました。

これでＢ29を撃墜できると期待しました。三回目の本格的な最終試験飛行が八月十五日にあり、その後は実戦に供されると聞いていましたが、この十五日には終戦になってしまいました。ガッカリです。

米軍が初めて飛行機で福岡にきたとき、最初の質問は震電はどこにあるかと聞いて、その製作所に案内させたことは有名な話です。現在、この震電は、一機だけアメリカのスミソニアン記念館に残っています。

終戦になっても私たちの校舎はなく、市内中心部に焼け残った小学校などを仮校舎として転々としていました。一年後、福岡城内にあった元陸軍の練兵場に新校舎が建つことが決定しました。学問の場所としては一等地ですが、福岡市に学校建設の予算がなく、職員と生徒だけで学校を建設せよとのことでした。

どのような経緯でそういうことになったのかは分かりません。結局は職員と生徒全員で建設することになりました。先生方も、生徒への説得には苦労していたようです。

作業は、各班に分かれて、四〇キロ離れた元海軍の小富士航空隊木造兵舎の解体、解体した木材を貨車へ積み込むため生徒の肩に担いで四キロを運搬しての積み込み、学校近くの到達した駅では積み降ろし、学校まで肩に担いで五キロの運搬、それからさらに大工さん五人ほどと共同の建設というものでした。

はっきりとは覚えていませんが、当然、学費も払っていたと思います。全てが困難の連続です。一番苦労したのは弁当でした。当時は本当に食料不足の時代だったのでときには農家の生徒が米を持ってきて、作業中の運動場で飯を炊き、分け合って食べたことが何回もありました。

海軍兵舎の解体も困難でした。解体といってもただ壊すのでなく、できるだけ木材が壊れないように取り外すのです。また運搬です。本来ならトラックで運ぶところですがその予算もなかったので全て人力です。今では考えられません。

作業が終わる頃は、皆の肩に瘤ができていました。運んだ木材には大・中・小のたくさ

小富士航空隊兵舎の解体作業

んの釘が打ってあるので、その釘抜きも大変です。材木や部材を上に持ちあげるのは全て生徒がするため、いつも危険が伴っていました。

海軍兵舎の解体中、落ちていた鉄砲の弾を拾い、触った途端に弾が爆発し、友人一人が亡くなり二人が大怪我をしました。とても残念なことでした。

練兵場跡での校舎の建設風景

馬小屋校舎みたいな教室ではありましたが、十教室ばかり完成しやっと勉強ができるようになったのは、作業を始めて二年後のことでした。その間の約二年は全く勉強なしです。こんな作業ばかりする学校に在籍するのは、何の役にも立たないからと多くの生徒が退学して行きました。また、正規の勉強している他の学校に転校していった同級生も数人います。

教室では得ることができない尊い勤労精神は身につきましたが、多感で心身の発育に重要なこの二年間の勉学の損失はまことに大きかったと思います。当時の私たちの年齢は現在の中学三年生と高校一年生に当ります。皆、勉強しなかったこの期間を取り戻すには大変な苦労をしたと思います。戦後の混乱期ですから、いろいろな理由はあったとはいえ、二年間も生徒に一切の勉強もさせず、働かせたのは行政の杜撰《ずさん》さと怠慢以外の何物でもありません。

その後は予算も下りたのか、次々と校舎の建設や正規の授業も進み、優秀な先生方もたくさん赴任してこられました。講堂や体育館こそありませんでしたが、各科の実習室も完成し、無事に高校を卒業することができました。後で分かったことですが、ほかの一般的な高校生と比較すると勉強はかなり遅れていたようです。

私たちの世代はさまざまな時代の変遷を経てきました。小学校時代の大陸戦争と続く大東亜戦争などをはじめ、敗戦と混乱、そして朝鮮動乱、続いてきたのが鍋底景気といわれる長い低迷期、やっと高度成長で喜んでいたかと思うとオイルショック、それからバブル経済とその崩壊、こんな経緯を僅か六十年あまりで経験したことはむしろ幸せだったかもしれません。

今日、当時の事柄をもっては比較できない面も多々あるでしょう。しかし豊かであるがゆえに心が荒んでいるような近年、小・中・高・大学の先生は、教育の現状を再考察しなければならないと思います。ほって置けば、日本の屋台骨が崩れ去ってしまうでしょう。政治的にも経済的にもやや低迷期とはいえ、世界の中でも日本人は特に適応性と優れた応用力を持っているように思います。方向性さえ間違えなければ、日本の子供たちはきっと世界の指導者になれると思っています。

軍隊帰りの先生は規律正しく厳しかった

戦後、私の工業学校には、南方の激戦地であるインパール作戦で九死に一生を得た陸軍士官や、数人の海軍兵学校出の士官、零戦での空中戦で敵機に撃たれ負傷した士官、飛行機設計者の技術将校、東京芸大出身の航空兵の士官など、多士済々な優秀な先生方がたくさんおられました。共通していえるのは、いずれも自分の専門分野の研究と教育に熱心だったので、先生方が口やかましく言わなくても、生徒は厳しさを感じ取り、自然とその先生に畏敬の念を抱いていました。

社会や教育が混乱しつつある現在、軍隊で培った規律と気合を併せ持っていた先生方の指導を今一度見直さねばと思っています。

高校三年生のとき、福岡県の第三回国民体育大会で、六校の三年生によるマスゲームが組み込まれました。その練習には、総合指導者として県立高校の体育の先生があたりました。元陸軍士官学校出身の先生でしたが、殴ったりは一切しませんでした。しかし、その指導の見事さには全生徒が心から敬意を持ち、指導に従ったものです。このマスゲームは多大の賞賛をあびました。この先生の指導のすばらしさは今でも心に深く残っています。

技術将校上がりの若い先生が「お前たち、若いときに女のケツばっかり追いかけていると、まともな技術屋になれんぞ」とよく言っていたのが強く印象に残っています。

またある数学の先生は「今回の戦争は一回のゲームでアメリカに負けたに過ぎない。日本人は稀な優秀性を持っているから、資源を作り出すことを考えれば次のゲームではアメリカに勝てる」といつも言っていました。

東京芸大出身で航空士官でもあったこの先生は、私たちに授業をしながら、専門を生かして戦災を免れた市内にある古い劇場の椅子やインテリアの設計をされて、地元新聞にも写真入りで報道されました。私たちの先生が専門の分野で活躍し新聞にも載ったことはとても誇りでした。

元零戦パイロットの先生によるグライダーの指導、校舎の平屋根部分は教師と生徒で建設したもの

海軍兵学校出身の先生は二人おられましたが、先輩の先生は、教職員内での立場の違う先生（どこの職業学校にも教育のシステムからして教諭と実習教諭がいます。教育は職名にかかわらず全職員で指導するという理念の下にとても働かれた）の地位向上に非常に尽力されました。

福沢諭吉の「心訓」の第一に、「世の中で一番尊いことは、人の為に奉仕をして決して恩にきせないこと」とありますが、私欲をすて、まさにこれを終生貫いた先生でした。

後輩の海軍兵学校出身の先生は、国内の工業高校で初めて自動車工学科を新設されることに尽力されました。この科は今や全国の工業高校の半数にあり、どの学校も志望者が多いと聞いています。

零戦で負傷した航空士官出の先生は、本校のグライダーの指導だけでなく広く全国の社会人や高校生にも指導され、その遺訓は綿々と今でも守られています。

日本が戦後、焦土の中から、しかも急速に世界に冠たる復興を成し遂げたのも、これら若い元士官の先生たちが懸命に児童・生徒・学生に指導した賜物と言っても言い過ぎではありません。

誰が先生か生徒か分からん、けじめのつかない日本の今の教育を一刻も早く止めて、力強く信念を持った指導をしなければ、日本のバックボーンが根元から崩壊していくような気がしてなりません。

モーゲンソープランと日本技術者の優秀さ

戦時中、私の工業学校には、機械科、印刷科、木製航空機を作る木材工業科と、造船科がありました。敗戦と同時に米国のモーゲンソープラン（第二次世界大戦の戦後処理計画）に沿って日本の航空機や造船等の重工業が禁じられたため、木材工業科は木材工芸科に、造船科は建築科になりました。

わが国にとって幸いなことに一九五〇年六月、隣の国で朝鮮戦争が勃発したため、モーゲンソープランが解禁され、アメリカは日本占領を中止し平和条約がサンフランシスコで締結され、やっと国際社会の一員として立ち直ることができたのです。

前にも申しましたが、朝鮮戦争当時は戦場で故障した兵器や機材が修理のため効率の良い日本に送られてきましたが、それだけではなく、兵器がアメリカから戦場に行く前、日本で一部設計変更したり、更に調整した後戦場に輸送されたことは有名な話です。

戦前、もし日本に石油をはじめ鉄、錫、ゴムなどの資源があれば、先の戦争をしなくても、日本人の勤勉さから、国際社会に貢献できる国の一つになっていたかもしれません。マッカーサーの米議会証言録によると、「日本の労働力は量的にも質的にも最も優秀で、大東亜戦争は日本の自衛戦争だった」とあります。

戦後の日本は朝鮮戦争やベトナム戦争特需のお陰で発展を築いたようにいわれていますが、それらは末端的なものであり、その基本となるものはモーゲンソープランの解禁と質的に優秀な日本人の技術力と労働力にあったと確信しています。

戦後は教室でピストルを撃っていた

近頃は、事件が多すぎるとか、大学生がマリファナを自宅で栽培したとか、女子高校生まで覚醒剤に手を伸ばしたと言って、驚いた風なコメントを新聞雑誌などでよく目にします。しかし今のままの「優しい教室」では、いずれ覚醒剤を打ち、教室でピストルを撃つようになるかもしれません。

終戦直後の混乱期はその極に達していたと思います。航空兵が戦時中、眠気を生じないようにと打っていたヒロポンは、体を害するとかで、戦後しばらくして薬局での販売は中止にはなりましたが、闇での販売は結構盛んでした。何人かの同級生は学校に持ってきていました。何人かは頭がハッキリすると授業中の教室で打つ者もいました。友人の一人はあまりにも打ち続けていたため夕方薄暗くなると目が見えなくなるので、自宅まで送ったこともありました。

またアメリカ兵と喧嘩してピストルを奪ってきたという友人は、放課後、教室や廊下などで試し撃ちをしていました。薬莢はなかなか手に入らないので、旧日本軍の兵舎などに散乱していた薬莢で作ると言っていました。後日、彼はアメリカ憲兵隊から捜査を受けてしまいました。

平成の始め頃、福岡県内で高校生が覚醒剤を学校に持ってきて世間を驚かせたという記事が新聞に載っていました。先日は女子高生が覚醒剤を持っていて、警察沙汰になったこともありました。しかし、戦後の混乱期に比べると今はまだ静かな方です。今のうちに信念を持って本気で、気合を入れて指導しなければ、もっとひどい状態になるのではといつも危惧しています。

最近、ニュースで、何日も連続で殺人事件が起こったと伝えていましたが、戦後の混乱期には、北九州のある町で一時期、夜ごと殺人事件があったと聞いています。

近頃、ある大学生が自宅の押入れに太陽光を利用して、また、テラスでマリファナを栽培して問題になっていました。近年温暖化防止に役立つようビルの屋上緑化が徐々に進みつつあります。地区ごとビルの屋上を緑化すると、その地区の夜間の温度を有効に下げることが分かってはいます。今のうちに何か手を打たねばこの屋上で大々的に麻薬の栽培が行われるのではないかとも危惧しています。徐々に、目の前に危険がせまっている感がします。

大学の先生も学者だからといって、もはや手を拱いていられる時代ではありません。学会での発表もなく、研究した著書もない先生も多いと聞いています。またいかにも学者らしさを匂わせているだけの学者も多いようです。教師たる者全てが、真剣に誠実に子供たちと向き合い、必要なときは怒って生徒学生を指導していかねばとんでもない社会になると思っているのは、私だけではないでしょう。

孟母三遷の教えは現実的なものでない

私が、教師をしていたまだ若い頃のこと、クラスの生徒がある事件を起こしました。学校の処分が終わった夜、その父親が私の自宅に迷惑をかけたと詫びにこられたことがあります。帰り際にその父親が、この家は先生の持ち家ですかと尋ねられたので、「そうです」と答えますと、「ここは環境がよくないから家を売って早く転居しなさい、こんな所にいると先生の品性が疑われますよ」と言われたことがありました。こんな忠告は初めてだったので非常に驚きました。

小学校に入学する少し前にこの家に転居してきた当時は、郊外でののんびりした所でした。自宅の裏には大小の池があり、大きな池はやや瓢箪形の池で長さが二〇〇メートル以上はあり、小さな池には夏には蓮の花でいっぱいでした。春先には多くの人が釣りに来ていたし、水草も多く長閑《のどか》なところでした。昔は入江だったようです。地盤はきれいな真砂で、井戸水がとても美味しく、梅雨には小さな蛙が足の踏み場もないほどいました。

ある日、兵隊さんたちが二十人ほどで池の両側に分かれ、空砲で、鉄砲やら機関銃の演習をしたこともありました。その訓練は連絡があったようで、家で甘酒をいっぱい作って、親父もおふくろも楽しそうに振舞っていました。とてものんびりしたところでした。

ところが、戦時中から機関車の石炭の燃え殻での埋め立てが始まり、そこには国鉄の機関庫が大きく拡張され、機関車が二十台ぐらい常駐するようになり、機関車が動くまでの間、ボイラーの火を炊くのです。

北風の吹くときは黒煙が家の中に吹き込み、トンネルの中のようでした。一帯の家庭は煤が飛んできて干し物に困ったことでしょう。こんなわけでこの地域の住環境が著しく悪くなり、市内の吹き溜まりといわれるようになってしまいました。

住宅地に住んでいる方は何という所だろうと思ったことでしょう。引っ越しをすすめられるわけです。当時の当局は公害とか周囲の環境など、考えもしなかったのです。

一つだけ有利なこともありました。戦中戦後の燃料が不足していたとき、この機関庫の付近の家庭を賄っている奥様方は、機関車から出るガラに混じっている有効な炭をもらえるのです。勿論自分で拾わねばなりませんが、とても助かったのではないかと思います。

現在、この地域は再開発され立派な住宅地として蘇っています。また、大きなビルやスーパーマーケットがたくさん建つようになりました。私は現在ここには住んでいませんが、時々この場所を通るとなんだか嬉しくなります。

親父は佐賀で失敗し、博多のど真ん中の中洲で米屋をして失敗し、幽霊が出るという噂の家でも失敗し、何カ所かを転々とした後、私が小学校に入学する少し前にようやく福岡市郊外のこの地に定着しました。住めば都です。先に述べた、問題を起こした生徒の住む高級住宅地に比べると、よほどここが人間の吹き溜まりのような場所に見え、同情されたのでしょう。

幽霊の出る借家というのは、隣がお寺だったそうです。当時としては珍しく地下室があり、幽霊の噂のせいで借り手がいなかったようです。家賃が破格の値段だったので借りたのですが。やはり親父も怖くて夜は電気を明々点けて寝ていたそうです。一年もたつと幽霊が出ないことが分かり、一気に十倍の家賃を要求されたので、憤慨しそこを出たと言っていました。

孟母三遷の教えというのがあります。孟子が幼少のころは墓の近所に住んでおると、近所の子供たちと埋葬の真似ばかりして遊ぶので、市場の近くに転居すると、今度は売買の真似ばかりするそうです。学校のそばに移り、やっと勉学に励むようになったという話です。簡単に言うと、子供の教育の為には文教地区に住まうことが大切だという譬えです。

たしかに私がいた住居は吹き溜まりかもしれませんが、低学年時はどうしようもなかった私が、小学六年生になって急激に心変わりしたのを思えば、人は決して住まう環境には影響されないということが分かります。重要なのは指導者の誠実な気質と誠の心です。六年生であのすばらしいK先生と逢うことがなかったらと思うと恐ろしくなります。また、低学年の時、担任の女の先生が怒ってくれなかったら、その後、努力することもできなかったかもしれません。

知人に、高級住宅地に住む大学出の青年がいます。彼は一般にいう良い大学を出ていますが、卒業後、働きもせず、ニート族として社会に甘えている姿はなんとも言えません。両親は困りはてているようです。

これに近い例はたくさんあります。またこれらニートたちについて、新聞雑誌などでも頻繁に扱われており、その数は約百万人以上ともいわれています。私は、これは一重《ひとえ》に先生の怠慢によるもので、学童、生徒に対し誠意を持ち、心から怒らなかったというのが原因であると思っています。

先生は家庭の問題だ、家庭での幼少時の躾がなってないからだ、とすぐ逃げてしまう。またそんな先生に限ってもっともらしい教育論を言うものです。大学を出てもニートが多いということは、大学の先生も逃げたら駄目だということです。逃げる先生に限って、大学でも大した研究もしていないようです。

私が住んでいた地域に行く機会があったので、昔あった古い小さなお稲荷さんがどこにあるか探してみました。当時、赤く塗られた小さな鳥居が数本と、奥には小さな祠があり、陶磁器製の狐（コンコンさん）が数匹安置されていました。このお稲荷さんをお守りしていた方は、年配の夫婦と寝たきりのお婆ちゃんの三人でした。生計は子供相手の小さなお菓子屋さんでした。祠を探してもとうとう見あたりませんでした。昔とはすっかり様変わりしていました。道路は広くなり、ビルやスーパーが立ち並び、昔の面影はまったく消え、とても寂しくなってしまいました。

お稲荷様にあるコンコンさんや鎮守ノ森の祠の注連縄は、私たちの先祖が稲や穀物を食い荒らす鼠を退治してくれる狐や蛇を大切にしていた所以《ゆえん》です。注連縄は蛇を象徴したものので、それらは私たちが農耕民族である証です。

今でこそ工業の力で食糧を海外に依存していますが、世界人口も年々増え続け、いずれ食糧不足のため自給自足で賄う時代が目前にせまりつつあります。ある専門家によれば三十年先ともいわれています。

先人たちの生活と技を見直さねば、やがて取り返しがつかなくなるでしょう。

教師時代

酒を飲んできた生徒を先生は褒められました

十八歳で工業高校を卒業し、私は、九州北部の炭鉱の中心地にある福岡県立直方聾学校に助教諭として赴任しました。教える教科は工作です。当時全校の生徒数は五十名ほどで、先生の数は二十数名でした。

先生方は生徒の教育に熱心なだけでなく、常にさまざまな教養を身につけようと努力しておられる方たちばかりでした。これら先輩の先生方を見ると、工業高校しか出ていない私の知識や学識のなんと低いことかと、恥ずかしく、身に染みてこたえました。

この地方に限らず当時は予備校などありませんでしたが、幸運にも聾学校の寮の近くにあった県立筑豊高等学校定時制の四年に特別聴講生として勉強させてもらうことができました。この学校では工業高校にはなかった優れた考え方をたくさん学ぶことができ、私の人生観の根本となる最も重要な経験となりました。

漢文の授業のある日、二十五歳ほどの生徒が少し顔を赤くしてふらふらしながら十五分ほど遅れて教室に入ってきました。「今日は会社で打ち上げがあり、自分だけ帰れなくて遅れました、すみません」と言いながら頭を下げています。

私はてっきり、酔っ払って学校に来るとは何事かと強く怒られるか殴るだろうと思って見ていたところ、先生は、「酒の席があったにもかかわらず、努力して学校に来たことは立派なことです。この後の授業も頑張りなさい」と褒められました。

とてもすばらしい先生の考え方に感動を覚えたものです。

私も、高校教師時代は怠慢で遅れた者以外は、遅刻者を無闇に怒ったりはしませんでした。遅刻にもそれなりに理由があるものです。戦時中は理由がどうあれ、少しでも遅刻すると殴られたものでした。

この夜学の学生のほとんどは、戦時中は中国や南方の戦場に行ったために、満足に勉強できなかった分を取り戻そうと、炭鉱などで働きながら熱心に通学している方たちばかりなので、自然と年配の方が多く在籍していました。教室はいつも七十人ぐらい、満席なので、机の合間はまったくない状態でした。

中休みはそれぞれ話をしていましたが、一旦先生が入ってこられると水を打ったように静かになります。短期の講義や講演ならまだしも、年間を通じてです。それも入学以来の四年間です。いや、ほんとうにこれには感心しました。このような経験は、その後の大学でも、教師をした高校でもありません。

いずれの先生も講師も同じ経験をお持ちのことと思いますが、私も講義中に話し声が聞こえてくると考えが混乱して講義が前に進みません。

二十数年前のことでした。九州大学のある先生が、近頃の学生は講義中よく私語をして困ると嘆いていました。またある中学の先生は、テレビは十五分ごとにコマーシャルがあるので、今の子供が講義を聞く限界は十五分であると説明していました。

私は現在、各地で建設関係の資格指導の講義をしています。大半の受講生は熱心です。それは、仕事の関係上、資格を取得しないと入札にも参加できないことと、仕事そのものの設計、管理ができないからです。

生活が直接かかっていますから皆、必死です。受講生は三十代、四十代の方が多いですが、六十、七十代の白髪の方も二、三名ぐらい混じっていて、熱心に学ばれているのには感銘を受けます。

一般的には講義中は静かに聴いていますが、土建屋さん特有の大きな声で話をする方も時々います。皆に迷惑なのでそんなときは「黙っとけ」と強く叱ります。叱られた者のほとんどは、頭にくるのでしょう、いつの間にか退席し、次からは来なくなります。

ある日、定時制の漢文の先生が深い思いをこめて、白居易の漢詩「酒に対す」の話をされました。

「蝸牛角上何事を争う、石火光中この身を寄す……」

「概略　争いのあることは人の常ですが、我々の住む所は宇宙の広大さに比べると蝸牛の角の上ぐらいの狭い所です。我々の生きている間の年数も宇宙の長さに比べると火打ちで叩いて一瞬に現れて消える火花のようなものです。この小さな場所でまたこの短い時間の中でなぜ争いをするのですか。勝ったとしても一体それがどうだというのか。せっかくこの世に生を享けているのだから、金持ちは金持ちなりに貧しい者は貧しいなりに天の命ずるままに生きよう、さあゆっくり飲みましょう」

といったような詩です。

第二次世界大戦後、息つく間もなくアジアでは北に南に戦争が続いています。近年は特に中東においての戦禍が絶えません。個人の争いから国の争いまで、この世は争いが絶えません。

私は、あの「酒に対す」の漢詩を聞いたときから、宇宙の広さを知りたくなり、天文が好きになりました。しかしこの当時はまだ、宇宙の広さはせいぜい太陽系の範囲しか観察することしかできませんでした。天文学もせいぜい天の川銀河の範囲でした。ところが今では、ハップル望遠鏡やハワイのスバル天文台が稼動し、数十億光年先の深宇宙までも、その構造が分かるようになってきています。漢文の先生の宇宙観にはまことに頭が下がります。

一枚の葉書をすぐ書けなくてどうするか

高校卒業後、十八歳で聾学校の工作の助教諭として赴任したときのことです。ある日、もう一人の教務主任と一緒に、十人ほどの生徒を連れて近所の木工製作所を見学に行きました。

見学から帰ると、教務主任からお礼状を出しておくように言われたので、早速葉書にしたためようとしたのですが、初めて正式なお礼の手紙というものを書くので、ああでもないこうでもないと考えて、結局なかなか上手くできないまま、とうとう翌日になってしまいました。教務主任から「出したね？」と尋ねられ、「今日中には出します」と応えると、すごく怒られてしまいました。

「先生たるものが礼状の一枚もすぐ書けなくてどうするか」と。当然です。情けなくてこれにはこたえました。

早速その日に『手紙大百科』を買い、それからは常に努力したつもりです。この『手紙大百科』は五十年以上たった今でも大切に使っています。その後の社会生活でもとても助かりました。この『手紙大百科』は、内容は充実していますが、紙はザラザラで紙色は最初から薄茶色です。おまけに六〇〇ページの内の二十枚ぐらいはページが逆に綴じてあります。戦後も五年ぐらいはまだまだ物が不足していました。

私の経験上、どんなことでもやかましく怒られて、マイナスになったことはありません。特に小学校の頃は、いつも先生から怒られてばかりでしたが、今はとても懐かしい思い出で、貴重な経験です。怒られて成長するのは、先生も児童、生徒、学生もおなじです。私の経験では、叱られていつまでも内に籠り、根にもつ者は、その後も成長していないようです。

その後、手紙や文章を書く際には、時々この教務主任の怒った顔が浮かびます。とても感謝しています。

一度だけ喜んだ親父

少年時代から一度も親父とおふくろを喜ばせたことがなかったように思います。
教師をして間もなくの頃、ある名の通った設計事務所に勤務している卒業生が、当時としては大きな特殊建築物の構造計算を依頼してきました。これは今までに例のない建築物で、当時は構造計算の専門書も少なく、専門的に問い合わせることができる相手も身近にいませんので、自分なりにああでもないこうでもないと日夜考えた末、どうにか構造計算書を完成したことがあります。

依頼を受けたとき、卒業生が事務所の方に、「私が依頼する先生なら、この程度の構造計算はすぐにできますと言ったので、断られると私が恥をかきます。絶対断らないでください」と言います。

構造計算の途中、解析できない点を、当時、新設された国立大学の建築工学科の構造専門の先生に尋ねようと何回も思ったのですが、私には謝礼を出せる予算もなかったので、とうとう自分だけで完成させました。

完成までの期間、特に提出前の三日間は全く一睡もしないで、理論と計算に集中しました。この建物の構造計算をする期間、毎日昼間は授業がありますので、かなり大変でした。

ある漫画で、仕事し過ぎて鼻血が出る絵を見たことがありましたが、生まれて初めて鼻血の経験を味わいました。不思議なことですが、鼻血が出たあと頭がスッキリするんですね。この建物の横を通る度にいつも懐かしい思いがしました。

この頃、「週刊朝日」の二面に渡って掲載された博多湾から福岡市を一望するグラビアの中心に、建設したばかりのこの建物の写真が映っていました。これを親父に見せますと、私の生まれて初めての大きな仕事に、にっこりしてくれました。

私が小さい頃に、「勉強しなくても工作が好きだったら大工さんにはなれる」と、おふくろを慰めていたのを思い出したのかもしれません。このときは馬鹿、馬鹿と言っていたおふくろもしばらくその写真をじっと見ていました。

人間、誰でも一つぐらい得意なものがあれば、そして努力さえすれば、馬鹿でもいつかは芽が出るものだと思います。難しいものを一つこなすと自信がつくものです。

それ以来、たくさんの構造計算の依頼があり、一つひとつていねいにこなしました。それらの経験は後に授業や資格指導の講義にとても参考になりました。生徒にもどこそこの大きなビルは私が構造計算したと話していましたので、生徒も納得しながら授業を静かに聴いてくれました。

構造計算が難しかったこの特殊な建物は、四十五年経ち、近年になって目的に合わなくなり取り壊されました。当時、建物を支持するための杭には、まだ鉄筋コンクリート杭が一般的でなかったので、広島の沿岸近くの赤松の杭が使われていました。

松は針葉樹であり、白砂青松というのは日本古来の風景の美しさの代名詞になっています。しかしこれら松檜杉類の針葉樹は、もともと北海道か東北や中央部の山岳地方と広島の沿岸の一部にしかない樹木です。

照葉樹である広葉樹は一般には曲がりながら成長するので、建設用材にはあまり適しません。それゆえまっすぐ育つこれら針葉樹が好まれるようになったのです。ただしこの針葉樹というのは深根性ではないため風や地震での横の力に弱いという欠点があります。日本の樹林帯で災害時によく倒木するのはこの針葉樹です。東北以南の針葉樹のほとんどが、後年、人口的に植林されたものであり、自然に育った樹木ではありません。

数年前、この海岸近くに建った建物の取り壊しを見る機会を得ました。杭の強度はまったく落ちていませんでした。木杭は水中では空気を完全に遮断するために腐食しないのです。

ヴェニチュアの旧市街地は地盤が弱いので、周囲から切り出した主に樫の木杭をたくさん打ち込んであり、その上に重い石造の建物を載せています。その木杭の数の総本数は文献によると一億から一億三千本といわれています。

私が定年退職する頃までの構造計算書は、まだ半数が電卓を使っての手計算でしたが、現在は全てコンピュータで処理されています。構造力学を解く苦労はほとんどありません。それゆえモラルのない耐震偽装の問題などが生じています。

昭和三十、四十年代は構造によって応力を解析するのに皆、苦労したものです。私の工業高校は福岡市立であり、また大学でもないので、敷居が低いのか、気楽にこの解析方法とか地盤構造と基礎との関係等不明な点を尋ねにこられました。建築ラッシュのときは学校に年に十人ぐらいの方がこられていました。後で述べます福岡市地盤構造図を作成できたことや構造について指導ができ、地域にいくらかでも貢献できたと、自負しています。

人は良くて八十点、悪くても七十五点

若い頃、ある精神病院長の邸宅を設計したことがあります。そこの院長が「人間には皆、それぞれいいところと悪いところを持っています。障害を持っている人は、物事を根気よく成し遂げる粘り強さがあります」と話していたので、参考になるかなと思い、当時担当していたクラスの生徒五十人を、百の項目について、私なりに評価したことがありました。例えば家庭について十項目、成績について十項目、パーソナリティーについて十項目、身体について十項目など、百項目です。評価の項目は全て私が考えました。それらを総計し平均すると、驚くことに、良くて八十点、悪くても七十五点でした。

裕福になればなるほど、その資産の保守に苦労するということを考えてください。友人の弁護士が、本人の死後、子供たちの財産分けでの争いの多いこと、この仕事をすると、

とても嫌になる、と言っていました。あまり財産を持つと、家庭の和や絆は乱れてしまいます。後日、これらの評価資料は焼却しました。

内申書の件です。

これからの話は私の高校教師時代のことなので時効にしていただきたいと思います。就職や大学進学時の内申書作成時は全員の生徒に対して、成績の悪い者はかなり良く、良い者へはさらに良く書き直し、内申書を郵送する前には必ず生徒に見せていました。ちょっとした成績ぐらいで、人の良し悪しは分からないといつも考えていましたので、人物の評価は何れも抜群の内容にしました。評価の文章は十種類ほど前もって作っておき、生徒に選ばせていました。就職時の評価で最も影響するのは欠席・遅刻の数です。その欠席や遅刻数は三分の一と決めて書き入れました。ただし、理由のない遅刻・欠席者にはやかましく叱っていました。

三十歳代の時、私の知り合いで、いつも就職採用でお世話になっていた中国地方の大手建築会社の社長が怒って、学校から出した「推薦書」を持って学校にこられたことがありました。もちろん私が作成した推薦書ではありません。

社長は「優秀な生徒を推薦すると言いながら、こんなだらしない生徒を推薦するとは何事か、全国から毎年たくさんの者を採用しているがこんな推薦書をもらったのは初めてだ」と。

詳しい内容は伏せますが、私も推薦書を見てびっくりしました。この推薦書を書いた先生はこの生徒によほど頭にきていたのでしょう。このことがあった時すぐ思い出したのが、私の小学生時代でした。表面の仕種だけで人を判断しては駄目です。結局この生徒は採用していただきましたが、その後、彼が中年になり、同業の大手他社から引き抜かれて退社するときは、社員のみなさんから大変惜しまれ感謝されたそうです。

広島には長年宮内庁に納めているよいお酒があります。就職斡旋でこの会社を訪問すると、いつも社長自ら、おいしいお酒とともにご馳走してくれました。

この当時は右肩上がりの高度経済成長期の時代だったので、特に技術関係の先生方は就職斡旋で出かけるのもそれほど苦労はなかったろうと思います。私も、広島は勿論のこと、関西、関東などの会社や卒業生には、とてもお世話になりました。ある大手の会社の方と料理屋で一杯飲んだ後、車で高層ビル巡りをしてくれた会社もありました。

就職斡旋で感心したこともたくさんありました。ある大手の会社に勤めている卒業生と会ったときのことです。夜、地下鉄工事近くの飲み屋でこの卒業生が言うには、一年近くお天道様を見ていないとのこと。それは、地下鉄工事に従事し、働くことも、寝ることも全て地下の工事現場内だからだそうです。もちろん仕事が終わると地上に出てきてこのように一杯飲みますが、その時は日が暮れてネオンが点いてからになると話していました。

元々彼は素直で素朴で田舎から来ている頑張り屋でした。学生時代は、朝は月を見ながら学校に来て、クラブ活動で練習した帰りは、また星空を見ながら家路につくと言っていました。勉強もよくしていましたが、定年前は北九州の支店長になっていました。

「福岡市地盤構造図」の完成は怠けの代償

福岡市の教育制度の一つに教師の内地留学制度があります。週に一日、希望する所で研修できるというものです。ただし学校に一切の迷惑をかけてはならず、わずかばかりの補助は出ますが、これは関係の先生か相手方への謝礼となります。

三十歳になる少し前、大学の工学部の先生の講義や講堂での講演を聴きながら、週一日ゆっくりしようと思い立ち、九州大学に申し出てのんびり通っていました。

四カ月ほど過ぎた頃、教育委員会から中間報告を出すようにとの書類がきてびっくり。面倒な報告書を出すぐらいなら申し出なければよかったと思いましたが後の祭りです。

このときは本当に困りました。いろいろ考えた末、今までに構造計算をしたビルの地盤と私の好きな地質についてまとめようと思い、これらを集めたら何かできるのでないかと閃きました。

ビルのような建物を安全に構造設計するには、まず地盤をよく調査し、地震力や固有振動を計算し、それに適合した基礎と建物の骨組みを設計します。そこで市内の地盤の調査資料を多く集めてみようと考えましたが、だけど全く予算がありません。そこで数社の地盤調査会社や井戸屋さんに構造図面ができたらお渡ししますからと約束し、たくさんの資料を見せていただきました。

地図上へのプロットや断面図の制作は実習時間に生徒に手伝ってもらい、年度末にどうにかやっと完成し提出することができました。

この図面を当時の福岡県高等学校工業研究会の「研究と報告」第三号で発表したところ、その後、設計関係や土木関係のたくさんの方が、学校で発表したものより詳細な内容や状況について尋ねにこられるようになりました。その後、建築学会で多数の方の連名で、少し直して出版しようということになりました。そして、出来上がった立派な本を見て驚いたことに、私はしがない高校教師だったからでしょう、名前は最下位にあり、上方に記載された先生には聞いたこともない教授や役所の局長の名前が十人ぐらい載っているではありませんか。業界の地図を見たような気がして勉強になりました。

さらにこの図に従って北九州市、熊本市と拡大し、今では全国の大都市にこの地盤図があります。これら都市地盤図の発祥は私の怠けから始まっています。誰だって窮地にたてば、いい案も生まれ実行もできるものです。

工業高校の教師時代、これによく似た経験がありました。福岡県の工業学校は、私が赴任した当時から、障害者の入学を拒否してきました。障害者は工業には危険で不向きだという理由からです。根拠は希薄ですが、そのような理由から、毎年入学試験前には、五種目の身体検査が実施され、この身体検査に合格して初めて受験できるのです。

その後、時代の変遷と意識の改革もあり、この制度を廃止しようという動きが出て、私も全国各県の現状を調査しました。すると、障害者を排除する制度は福岡県だけだということが分かりました。関係の教育研究会にも報告し、いよいよ廃止の段階になりました。するとどうでしょう。この年に赴任してきた先生でしたが、当初は「障害者の検査制度は県の制度だから検査するのが当然」だと、嫌な顔をして調査にも反対していた先生が、会議で「私の力で来年度からこの制度を廃止することになりました」と滔々と報告したのです。このときは、他の先生一同みな驚きました。

公立高校の多くが、一部の先生の顔写真を永久に掲げてあります。またある学校では目立つところに先生の作品である絵画や彫刻を退職された後、いつまでも飾ってあります。先生は社会人ですからそれぞれの分野で研究発表すべきでしょう。

公立学校は市民のためにあるのです。在校生、卒業生の向上を図るのが目的でなければ

なりません。私を含めて人はみな、謙虚さがたりませんね。

一度ぐらい私たちと遊んでください

昼休みに、ある耐震構造のことを考えて懸命に勉強していたときのことです。クラスの生徒が二名きて、「他のクラスの先生は生徒とよく遊んでくれています。今皆でソフトボールをしていますので一度くらい一緒に遊んでください」と言います。

これには驚きました。そのときは「よし、行こう」と言って運動場に行き、バットで三回ぐらい打たせてもらいました。生徒たちもワーワー喜んでいましたが、長い教師生活の間、昼休みなどに生徒と遊んだのはこれが最初で最後でした。

私が学生の時代には、先生は雲の上の人で、簡単には声もかけられなかったものです。一方、女の子は先生とよく遊んでいたようでしたが、男は先生と話すときは一般的にとても恐縮したものです。

私は、生徒と親しみを持つのもいいけれど、ソフトボールなどで遊ぶなどは止めてほしいと思います。友達みたいにいつもワーワー遊んでいると、教師と生徒とのけじめが付かんようになると思うのです。

私には構造設計の依頼があったので、学校を終えると、自宅で深夜おそくまで毎日構造の計算をしていました。いかにしたら建物の構造を安全にできるかという方法について、暇さえあれば考えなければなりません。

理論を十分考えたうえで、それから構造計算をしていくのです。安全で経済的な構造を造るためには広く研究し知識を深めなければ役にたちません。いろいろな書物を基に研究していかなければ、時代から取り残されてしまいます。現在は構造計算ができるコンピュータやプログラムがあるので理論を考える必要はほとんどなくなりました。社会問題になった耐震偽装はこのコンピュータが逆にブラックボックスになったのです。審査する者の勉強不足が一番の責任です。

当時の私はなかなか暇がありませんでした。しかし、生徒にはその時々の世界における構造の最先端について時間をとり、いつも易しく話していたつもりです。高校生は専門知識については未熟なので、それらの話を十分理解し得なかったと思いますが、一部の熱心な生徒は面白くて参考になると喜んでいました。工業学校の教師として、生きた知識をもとに教育するという最大の努力をしてきたと自負しています。

生徒にはいつも「ソフトボールなんかせんで、若い時はハードな運動をしやい。今からでも遅くないけん柔道部に入部してこい」と、機会あるごとに言っていましたが、一人も

来ませんでした。

私のクラスの生徒は、喫煙、カンニングで停学になったら、強制的に全員柔道部員にしていました。現代の学生は体格が大きいからしばらく練習すると初段ぐらいはすぐになります。一年で柔道を始め、卒業するときは三段になった生徒もいます。この生徒は大学に進学しアメフトをしていました。

私が柔道を始めたのは高校二年でしたが、黒帯を締めるようになったのは大学の二年になってからでした。五年かかりました。健康のことを考え五十歳の半ばまで生徒と一緒に練習したので、小学生のとき、胃腸の弱かった私が、柔道のお陰でこの歳になっても各都市で講師ができる体力がついたことに感謝しています。

退学では問題の解決にはならない

高校生は生意気な生徒がとても多いのです。私のいた学校では、校則違反した者の処分は一般に停学で、二回目は場合によりますが退学、三回になると間違いなく退学です。

破廉恥な問題は大方が一回目でも即退学になります。福岡市周辺の公立高校はほぼ同じようでした。厳しい罰則でも、喫煙やカンニング、あるいは暴力、窃盗事件などが後を絶たず、年間平均十五人以上の退学者がいたと思います。

私は、停学させるのは反対でした。停学になると親が呼びつけられ、一週間は通学停止になります。時効として勘弁していただきたいのですが、私は喫煙、カンニングに限っては違反者を見つけても他の先生に内緒で、「停学か、殴られるか」を選ばせていました。すると全員が、「力をこめて殴ってください。お願いします」でした。思いっきり二回ぐらい殴って終わりにしていました。あまり説教じみたことは言いません。私が教師をしていた間に直接見つけた喫煙、カンニングの校則違反者は十五人以上いたでしょうか。

私の学校では年度末に全校一斉の送別マラソンがあります。距離は二〇キロぐらいです。ある年、帰ってくるのを一人ひとりチェックすると、ある生徒が帰ってこないのです。心配してマラソンコースを自転車で二回見て回りました。溝か川に落ちてないかとても心配でした。スポーツ選手の生徒なので溝に落ちることはないだろうとも思っていましたが、なにがあるか分かりません。

心配しながらクラスの者に聞くと、教室にいるとのことです。翌日呼び出して聞くと、最初少し走ってすぐ学校に帰ったので走っていないそうです。そこで、一日中正座か殴られるのがよいか選べと言うと、彼も男らしく「殴ってください」と言ったのでおもいっきり二回ぐらい殴りました。

卒業の前日に彼が来て、「先生、親父が家に来てくださいと言っています」と言うので、親父が怒って文句を言うのだろうと思って行ったところ、驚きました。座敷にはご馳走が用意され、両親が並んでお礼を言われました。

卒業後、彼は経営者として、商店を五軒持っています。時々私の事務所にも立ち寄ってくれます。他にもこのような事例はたくさんあります。

私は、カッとなって殴ることはありません。殴る必要があるときは前日に喫茶店でコーヒーでも飲みながらよく考えていました。だから殴った生徒は今でもよく覚えています。今では、同窓会に行きますと殴られたこともない者が自分も殴られたとよく言っています。福岡市周辺の高校は公私立とも、校則違反者には大抵同じ罰則のようでした。もっと厳しい学校もありました。よその学校とはいえ、いかがなものか、やりすぎではないかと思っていたこともあります。

厳しすぎると思っていたある学校は、校長が率先して厳しく処分するそうです。その息子も高校の教師で、まだ三十代というのに四回は離婚していると聞きました。離婚の理由はさまざまで、これらは個人的な問題なので立ち入るつもりはありませんが、罰を与える人は「先ず隗より始めよ」ではないでしょうか。まず自分の息子のことを考えるべきでしょう。

厳しく指導するには限界があります。違反したら退学させるという恐怖で縛っても、あまり意味がないと思います。

失敗ばかりの高校教師

私は元来軽率で、直感的に物事を判断する性格です。ですから失敗が多い。こんなことがありました。

若い頃は暇さえあれば、現在マンションで社会問題になった建築の耐震構造法を専門として、そのことばかり研究していました。ある日、研究のことで頭がいっぱいだったのか、保護者会を忘れて普通に学校から帰ってしまったことがありました。翌朝学校に来ると主任から「昨日の保護者会は私がやりました」と言われ、ものすごく驚きました。十人ほどの保護者が来ていたそうです。迷惑をかけてしまいました。

数年前のこと、古いクラスの同窓会があり、その中の一人が「二学期暮の通知表を正月明けて渡されましたね。あんなことは小学生から初めてのことでした」と笑って話していました。私は常々成績にこだわるなと言っていたので、そのときも通知表は正月明けに渡すと言ったことを微かに思い出しました。悪いことをしたなと今でも反省しています。

生徒にはいつも、高校生になったのだから保護者はわざわざ学校に来ないでいい、自立心を持つことが大切だから、と言っていました。近頃は大学生になっても、親に入学式や卒業式に来てもらっているのが多いようです。女の子なら分かりますが……、情けないものだと思ってます。

私は生徒には、「大切なときは俺から学校に来てもらうように頼むから、親父にもおふくろにも必要以外は学校に来んように言っとけ」といつも言っていました。ある日、生徒の母親から明日の卒業式に来てもいいでしょうかと電話があったときは、言い過ぎたなと少々反省し戸惑ってしまいました。勿論その母親には出席していただきました。

同窓会では、教師時代にやっていたことの良し悪しを卒業生が教えてくれます。私が英語、特に英会話が苦手なものですから、やっかみ半分で「外人が日本に来たら、ここは日本だから日本語で話せと言え」と言っていました。しかしこれには卒業生はみな同感してくれました。また、ニュージーランドの登山家ヒラリーが、世界の屋根の最高峰であるエベレスト（八八四八メートル）の登頂に成功したときのこと、あまりにも大きく報道されていたので、ついこんなことを言ってしまいました。

測量の授業中に、「地球の直径を一メートルとするとエベレストは僅か〇・七ミリにもならんとぜ、地球の大きさに比べたらものの数にもならん。エベレストに登ったぐらいでごちゃごちゃ言うな」と偉そうに言っていました。しかし、生徒も同感してくれ、驚いたことに、この話はほとんどの生徒が今でも覚えていました。面白かったそうです。

四十歳の終わり頃だったと思います。私が文化祭の係になったとき、文化祭の行事の一つに、各科（六科）、各教科（国語、英語、理科、社会など）から一つずつテーマを決めて研究発表をしていただくように提案しました。ところが、工業高校で、そんなアカデミズムなことはできないとか、急に提案されても研究の時間がないとか、さまざまな反対意見がありました。しかし、最後はそれぞれ立派な発表がなされました。

この行事は現在、年一回、福岡県の工業高校全体で、各学校から一つの課題を出し合って研究発表が行われるという発表会にまで発展しました。あるときの総会で、この研究発表会は、私がいました工業高校から始まりました、と挨拶がありました。

職業高校の先生は、時間を有効に使うべきです

やや軽率かもしれませんが、工業学校の工業科の先生や職業科のすべての先生は、学校という枠にとらわれず、思い切って各企業とタイアップし、それぞれの学識や技術を磨くべきだと考えています。職業関係の先生が社会一般との関わりなくして、いかして自信を

持って教科について教えることができるでしょうか。

会社員に比べると、学校の先生に限らず公務員は一般的に時間に余裕があります。ある一部の先生は別として、週に二日の休みがあり、放課後の自由時間も多く、さらに各学期の休暇中の時間もあるのです。たとえ学期の休暇中に出勤しても、午後は暇です。この時間を無駄にすべきでないと思います。学校内や教育業界だけで、いくらかの出世のために齷齪《あくせく》するのは愚の骨頂です。

また、生徒に教える教科書の内容は、時代の中で多少の変化はあっても三年も教えていれば全てを理解できます。第一、大学で学んできたそれぞれの専門分野について、教師をしたせいで台無しにしてはいけません。会社に勤務している技術屋は、日進月歩の研鑽にとても努力しているのです。

先生方もさらに研究を重ねて、社会に貢献すべきではないでしょうか。ある先生は、博士号を取得して地域に貢献しておられます。工業や職業学校に限らず全ての先生が、広く社会とタイアップして研鑽されることをお願いします。

たいした意味もない教育論を職員会議や集会などで発言し、気力を使い果たして得意になっても仕方がありませんよ。特に職業教育の教育者は自分の研究を怠ってはなりません。社会との交流で得た研究内容の濃い指導をできることが、本来の教育の姿だと思います。

私は社会とタイアップして研究していくうち、幾らかの謝礼なり報酬を得ますが、謝礼を得る際には心から感謝して頭を下げます。また謝礼を渡す側も、心から感謝しているからこそ次回の研究をお願いするのです。

先生の多くは、若い時から「先生、先生」と呼ばれるため、自分でも偉くなったような錯覚に陥ってしまうものです。また公務員の先生は身分は保証され、給料も間違いなく入ってきます。この状態が長年続くと、すべてにおいて感謝して頭を下げることを忘れてしまいます。これは長い人生、自分にとってとても損なことです。人に心から頭を下げて謝礼をいただくということは、人生の中であらゆる助けになります。これは間違いありません。

私の拙い経験からして分かったことがあります。人に感謝することは難しいことで、一般に勉強してない先生や学識のない先生ほど、人の世話になってもその時期をすぎると感謝することを忘れてしまうようです。

毎時間の授業を生きたものにしていくと、児童、生徒の心もついてくるし、思い切って怒ることこともできます。薄っぺらな教育論なんか要りません。

ニートをなくし、規律ある社会にするには

親や年長者を敬い、規律正しい社会を構成し、住みやすい社会にするには、今の教育の在り方を根本的に見直さねばと思います。

今や戦前戦中の厳しい教育は忘れ去られました。その教育のよい部分も悪い部分とともに忘れ去られたように思います。しかし、戦後まもなく、もっとも混乱していた当時、私が定時制の高校で受けた勉学態度の経験は忘れることはできません。

昼間、炭坑で働き、疲れた体で夜勉強する態度にも頭が下がりましたし、教室には熱気があふれ、先生方の教科指導の熱の入れ方は素晴らしいものでした。

当時、教育のあり方や学校生活をどうするか、などを声だかに論じる先生はいませんでした。にもかかわらす、整然としたなかに厳しさがあったのは、「国破れて山河あり」の当時、瓦解したこの国を再建しようという意識を先生も生徒もしっかり持っていたからだと思います。

教育は、生徒自身の自己の完成は勿論ですが、分かりやすい、しかも大きな目標を持ち、生徒がこれに向かって努力することも大きいと思います。

豊か過ぎる昨今、私の考えは受け入れられ難く、以下のことは一笑にふされるかもしれないと思います。しかし、学校を出ても就労意欲のない若者や、学校に行っても勉学すらできない児童や学生たちが年々増加している傾向にあります。政府は予算を組んで、これらニートの対策に取り組もうとしていますが、小手先のものでは、ニートの数が少し減るのみで根本的な対策とはならず、水泡に帰すのみでしょう。ニートは今や潜在ニート数まで含めると百万人以上ともいわれています。

第一、ニート対策に金をかけていかにしようとしているのでしょうか。児童や生徒、学生と「話す」機会だけを作って解決できるものでないと思います。

いずれは、国際情勢と国民意識の流れとして、必然的に自衛隊は自衛軍に改組されるでしょう。いや、早くなって欲しい。そして自衛軍には二十歳になった青年を入隊させ、最低一年以上は、礼儀や規律を身につけ、国を守る正しい精神を鍛えていただきたいと思う。

この二十歳前後の年代は心身の発育は最も顕著で、大いに学識などを取り入れる時期でもあります。国際的、国家的にも特に必要な研究に取り組んでいる若者たちは特例として、その各々の分野で貢献してもらうこととし、入隊を見合せる必要もあると思います。

前の戦争の良否は別にして、戦時中は理工部、医学部、農学部などの学生が研究を中断しないですむように、それら勉学中の学生、研究者は徴兵延期とか徴兵免除という制度もありました。

一刻もはやく教育制度の改革と精神構造の改革に取り組み、それが実践されるよう努力しなければ、この日本の若者も、この日本そのものも、その基盤が失われるのではないかと危惧しています。早急な改革を望むものです。

その前に教師の職にある者は、まず受け持ち教科の実力を養う必要があります。その教科のエキスパートになって始めて児童・生徒、学生に自信を持って怒ったり、やかましく叱ることができると思います。ただ力と腕力で無闇にやかましく怒っても何の役にもたちません。

教師時代、山岳部のみんなと

あとがき

私は学生時代から地図を見るのが好きでした。地図を見ていると旅行しているような錯覚に陥りました。そして、それを実践しようと思い、時々一人で普通列車に乗り、適当な駅で降りて一番安い宿に泊まりながら旅をしていました。鈍行列車の窓から見える風景は味わいがあります。時刻表なんか見たこともありません。当時の駅前には毛布だけを貸してくれる宿がありました。当然、大部屋で服を着たままで寝ますが、結構楽しい旅でした。

高校教師になってからは、各学期には休みもあるし、旅費の余裕もできましたのでかなりの距離を旅行しました。こんな旅は家庭を持つまでは続きました。お陰様で山の会の皆様や、高校の山岳部の生徒とも気楽に日本の山々をたくさん登ることもできました。こんなことで、私の仕事の事務所名「穂高建築研究室」の穂高は日本アルプスからいただきました。当書のカバーの絵は日本アルプスにある「前穂高岳」です。同僚の奥様（山崎まり子様）からこの研究所を開設したときいただいたものです。

昨年秋、モロッコのマラケシュからカサブランカを三時間の特急列車の旅をした時のことです、この列車の小さな一等室には日本人の三組の夫妻だけでした。外は大半が砂漠の景色が続くばかりです。特にお互い話すこともなく面白いこともないので、つい私の小学生の思い出を話しましたところ、涙をながしながら大いに笑っていただきました。

私は技術屋です。技術屋は何でも数値で表わさないと納得がいきません。この旅行中「ヨン様」の話が出たとき、女性の添乗員の方に「私は男前でなくヨン様の二十分の一しかありませんから女性にもてたことがありません」と言いましたら三十分は笑いが続いていたようです。楽しい旅をさせていただきました。

この列車の中で、帰国したら当時の反省と教えていただいた先生方へのお礼を含めて、現代の先生にお願いをも併せ冊子にしようと思いたちました。出版社に依頼するまでわずか数カ月あまりで書いたので、十分でありませんがご了承ください。

私は文学、文法にまったく自信がないので、原稿を日山富士代さんに読んでいただき、なんとか出版にいたりました。厚くお礼を申しあげます。

二〇〇六年二月二十五日

北島　進

著者略歴
北島　進（きたじま・すすむ）

昭和７（1932年）年２月生まれ。

昭和19年、福岡市立國民学校卒業。福岡市立博多工業学校木材工業（航空）科入学。終戦後、博多工業高等学校木材工芸科となり、昭和25年に卒業。

同年、福岡県立直方聾学校助教諭、翌年退職。

昭和26年、大阪工業大学建築工学科入学、同校を卒業。

昭和30年、福岡市立博多工業高校教諭、定年まで勤める。

昭和33年から今日まで構造計算をしたビル・煙突・橋梁は多数。

昭和45年から穂高建築研究室、退職後、穂高建築研究所として構造計算と建設資格の取得の講師を、札幌から那覇までの各都市で指導。

昭和49年より平成２年まで福岡県建築士試験委員を務める。

穂高建築研究所　福岡市城南区梅林5-5-22

※教育公務員特例法の17条、12条には、「教員は絶えず研究と研修に努めなければならない、また教員は任命権者（教育委員会）の認める場合はその事業に従事することができる」とあります。

※昭和30、40年代の当時は、建築士事務所協会で建築科の先生は勉強と研究のため、年１つの建築設計は認めており、当時の校長もそれを奨励していました。なお、納税義務を守ることを条件として。

先生《せんせい》！ もっと子供《こども》を叱れ
私《わたし》の体験的《たいけんてき》教育論《きょういくろん》

■

2006年5月20日1刷発行

■

著者　北島　進

発行者　西　俊明

発行所　有限会社海鳥社

〒810-0074 福岡市中央区大手門3丁目6番13号

電話092(771)0132　FAX092(771)2546

印刷・製本　有限会社九州コンピュータ印刷

ISBN 4-87415-582-0

http://www.kaichosha-f.co.jp

[定価は表紙カバーに表示]